该成果得到重庆市社科规划重点项目"劳动教育融入大、中、小学教育研究"（2020ZDJY11）、重庆市高等教育教学重点项目"'五融合'撬动地方高校劳动教育体系优化的探索与实践"（232127）、重庆市高等教育教学改革研究重点项目"新质生产力背景下高校劳动教育'三大支撑·四堂联动·五劳协同'模式构建与实践"（242081）和重庆市高等教育教学数字化专项"地方高校劳动教育教材数字化设计、编写及应用的探索与实践"（234108）、重庆市教育科学规划重点项目"本科院校线上教学质量评价体系与保障机制研究"（2020-GX-134）的资助。

编译文库

教育

郭立珍　于永娟　陈婷婷　编著

思政元素及劳动教育融入经管类课程教学案例集

Teaching Case Set of Integrating Ideological and Labor Education into Economic & Management Courses

图书在版编目（CIP）数据

思政元素及劳动教育融入经管类课程教学案例集／郭立珍，于永娟，陈婷婷编著. —北京：中央编译出版社，2024.5

ISBN 978-7-5117-4757-0

Ⅰ.①思⋯ Ⅱ.①郭⋯ ②于⋯ ③陈⋯ Ⅲ.①管理学—教案（教育）—高等学校 Ⅳ.① C93

中国国家版本馆 CIP 数据核字（2024）第 096042 号

思政元素及劳动教育融入经管类课程教学案例集

责任编辑：李媛媛　高冀蒙
责任印制：李　颖
出版发行：中央编译出版社
网　　址：www.cctpcm.com
地　　址：北京海淀区北四环西路 69 号（100080）
电　　话：（010）55627391（总编室）　　（010）55625174（编辑室）
　　　　　　（010）55627320（发行部）　　（010）55627377（新技术部）
经　　销：全国新华书店
印　　刷：三河市华东印刷有限公司
开　　本：710 毫米×1000 毫米　1/16
字　　数：208 千字
印　　张：15
版　　次：2024 年 5 月第 1 版
印　　次：2024 年 5 月第 1 次印刷
定　　价：95.00 元

新浪微博：@中央编译出版社　　　微　信：中央编译出版社（ID: cctphome）
淘宝店铺：中央编译出版社直销店（http://shop108367160.taobao.com）（010）55627331

本社常年法律顾问：北京市吴栾赵阎律师事务所律师　闫军　梁勤
凡有印装质量问题，本社负责调换，电话：（010）55627320

前　　言

一、编写缘起

高校全面推进课程思政建设，将价值观引导有机融入知识传授、能力培养之中，是应有之义，更是必备内容。2016年12月，习近平总书记在全国高校思想政治工作会议上强调，"高校思想政治工作关系高校培养什么样的人、如何培养人以及为谁培养人这个根本问题。要坚持把立德树人作为中心环节，把思想政治工作贯穿教育教学全过程，实现全程育人、全方位育人"。2020年5月28日，教育部印发的《高等学校课程思政建设指导纲要》强调"专业课程是课程思政建设的基本载体。要深入梳理专业课教学内容，结合不同课程特点、思维方法和价值理念，深入挖掘课程思政元素，有机融入课程教学，达到润物无声的育人效果"，针对经济学、管理学、法学类专业课程提出"要在课程教学中坚持以马克思主义为指导，加快构建中国特色哲学社会科学学科体系、学术体系、话语体系。要帮助学生了解相关专业和行业领域的国家战略、法律法规和相关政策，引导学生深入社会实践、关注现实问题，培育学生经世济民、诚信服务、德法兼修的职业素养"。

经济学、管理学类专业（以下简称经管类）课程普遍具有应用性、实践性强的特点。为提高学生面对复杂实践情境时分析问题、解决问题的能力，案例教学是经管类专业课程教学中普遍应用的教学方法。所谓案例教学是指根据一定的教学目的，以案例为教学材料，将学生引入实践情境，通过教师与学生、学生与学生间的互动、讨论，培养学生面对复杂实践情境时综合分析问题、解决问题能力的一种教学方法。经管类专业类课程教学案例虽然不少，但"将价值塑造、知识传授和能力培养三者融为一体"的教学案例集出版得却不多。

劳动教育是中国特色社会主义教育制度的重要内容，直接决定社会主义建设者和接班人的劳动精神面貌、劳动价值取向和劳动技能水平。自2018年9月10日习近平总书记在全国教育大会强调"要努力构建德智体美劳全面培养的教育体系，形成更高水平的人才培养体系"以来，全面加强劳动教育成为高校的重要任务之一。2020年颁布的《中共中央国务院关于全面加强新时代大中小学劳动教育的意见》和教育部印发的《大中小学劳动教育指导纲要（试行）》，从国家层面上明确了新时代劳动教育的地位和建设方针。对于普通高等院校，除要求独立开设劳动教育必修课外，还要求"在学科专业中有机渗透劳动教育"，"将劳动教育有机纳入专业教育、创新创业教育，不断深化产教融合，强化劳动锻炼要求，加强高等学校与行业骨干企业、高新企业、中小微企业紧密协同，推动人才培养模式改革"。

劳动教育融入专业教育是新时代人才培养模式改革的基本要求。对于经管类专业而言，劳动教育有机融入专业课程有助于提升学生的专业实践能力。但受高质量教学参考资源不足等因素的影响，不少专业课教师在将劳动教育融入专业课程时，感觉无从下手。劳动教育具有树德增智育美强体创新作用，《高等学校课程思政建设指导纲要》也提出了课程思政建设的目标要求："课程思政建设内容要紧紧围绕坚定学生理想信念，以爱党、爱国、爱社会主义、爱人民、爱集体为主线，……系统进行中国特色社会主义和中国梦教育、社会主义核心价值观教育、法治教育、劳动教育、心理健康教育、中华优秀传统文化教育。"

编写高质量教学案例是优化课程思政内容供给、全面推进高校课程思政和劳动教育融入专业课程的重要抓手。鉴于此，课题组一是对平时教学中使用的效果较好的案例进行修改，二是从古代商业精英中精选案例，三是从近代以来爱国企业家、劳动模范中精选企业家精神教学案例、劳模精神案例，以期为经管类专业教师深入开展课程思政、探索构建"课程思政+企业家精神+课程劳育"教学模式提供教学资料，也为本科生深化对"管理学""企业文化""人力资源管理""微观经济学""宏观经济学""企业战略"等课程的学习提供辅助材料，引导大学生"丰富学识，增长见识，塑造品格，努力成为德智体美劳全面发展的社会主义建设者和接班人"。

二、编写原则

案例是经管类专业课程进行案例教学的素材，好的案例可保障教学的顺利开展，取得实效。在选择、编写案例时，坚持贯彻"价值塑造、能力培养、知识探究"三位一体理念，以习近平新时代中国特色社会主义思想为指导，紧紧围绕《高等学校课程思政建设指导纲要》《中共中央国务院关于全面加强新时代大中小学劳动教育的意见》《大中小学劳动教育指导纲要（试行）》三个国家推进高校课程思政、劳动教育深入发展的纲领性文件精神，以符合教学内容、学生易接受为原则，力求选取最典型、最具说服力、最为生动的案例，这样的案例讨论起来才能真正激发出学生的智慧火花，发现问题所在，提出切实可行的解决办法。

三、编写框架

本案例集的编写是基于重庆市一流本科线下课程"管理学""经济学"课程思政进行谋篇布局、确定编写框架的，希望读者阅读后能坚定理想信念，增强家国情怀和社会责任意识，提高经世济民、诚信服务、德法兼修的素养；同时弘扬新时代劳动精神、劳模精神、工匠精神、企业家精神，提升专业能力，增强诚实劳动意识和劳动创新能力。

目 录
CONTENTS

模块一 导论篇 ………………………………………………………… 1
 案例 1 卢作孚的"人"的现代化思想 …………………………… 1
 案例 2 鲁冠球的管理艺术 ………………………………………… 5
 案例 3 任正非的"不谋长远者,不足以谋一时"管理观 ……… 9
 案例 4 "课程实践+课程劳育"活动:访谈一位管理者 ……… 14

模块二 管理思想及理论演进 ………………………………………… 24
 案例 5 中国传统文化中的管理智慧 …………………………… 24
 案例 6 商祖白圭的权变管理思想 ……………………………… 30
 案例 7 "商圣"范蠡的管理思想 ………………………………… 33
 案例 8 张元济的"教育救国"思想与商务印书馆的企业精神 … 40
 案例 9 "华侨旗帜、民族光辉"——陈嘉庚 …………………… 43
 案例 10 "玻璃大王"曹德旺的"佛学"管理思想 ……………… 45
 案例 11 张瑞敏:在持续创新中成就"时代的企业" …………… 53
 案例 12 任正非:用军事管理思想让华为"有质量地活
     下来" ……………………………………………………… 58

模块三 决策篇 ………………………………………………………… 63
 案例 13 九芝堂药业——一家百年老店的发展战略演变之路 … 63

案例14　从达能恶意并购娃哈哈事件谈民族品牌保护战略 ········· 69
案例15　从海尔集团开拓日本市场谈"走出去"战略 ············· 75
案例16　从海信品牌国际化谈企业管理决策创新 ··············· 81
案例17　从华为的国际化战略布局谈本土企业的全球化运营 ····· 94
案例18　从比亚迪"跨界抗疫"谈企业文化对决策的影响 ········ 100

模块四　组织篇 ·· **105**

案例19　从非正式组织与正式组织的关系，深谈组织
　　　　文化的塑造 ····································· 105
案例20　从美的集团组织模式转型谈组织结构变革 ············· 111
案例21　华为的军事化组织建设与管理艺术 ··················· 122
案例22　海尔企业文化激活"休克鱼" ························ 129
案例23　"专业课程+劳动实践"活动：企业文化调研 ·········· 137

模块五　领导篇 ·· **151**

案例24　商务印书馆的使命担当 ····························· 151
案例25　新时代的领导力 ··································· 156
案例26　坚持实业救国与教育救国的"中国企业家之魂"
　　　　——卢作孚 ··································· 159
案例27　致力于我国现代外贸经济发展的爱国企业家
　　　　——荣毅仁 ··································· 165
案例28　基于"狼性文化"激励机制谈领导者风格与企业
　　　　文化 ··· 170

模块六　控制篇 ·· **176**

案例29　从"精细管理"谈管理控制 ·························· 176
案例30　海尔的精细化管理控制模式 ························· 180

模块七　管理经济篇 ·· **185**

案例31　选择与"机会成本" ·· 185
案例32　效率与"生产可能性曲线" ································ 189
案例33　信息不对称与道德风险 ···································· 193
案例34　"人尽其才"与分工 ·· 196
案例35　"看不见的手"与"看得见的手" ······················· 199
案例36　完全竞争市场与垄断市场 ································· 203
案例37　"囚徒困境"与"智猪博弈"——冲突与合作 ········ 207

模块八　劳动精神篇 ·· **211**

案例38　劳动成就梦想 ··· 211
案例39　新时代的"大国工匠"精神 ······························· 216
案例40　越努力越优秀的企业家"劳模" ·························· 219

参考文献 ··· **224**

后记 ··· **228**

模块一　导论篇

本篇主要为巩固拓展"管理学"课程的绪论和总论两章的重点和难点知识,为深入理解与应用管理的内涵与本质、管理职能、管理者的角色与技能等知识点而精选的教学案例,同时也适用于"企业管理""人力资源管理""企业文化"等课程。本章选择了近代著名爱国实业家卢作孚、改革开放第一代企业家鲁冠球、知名企业家任正非等三位企业家的主要管理思想进行编写。

案例1　卢作孚的"人"的现代化思想

【摘要】管理的本质在于协调"人"。卢作孚人事管理思想,本质上就是推动人从传统向现代转型。卢作孚提出了比较完整的如何实现"现代化人"的培养模式,有助于学生深入理解优秀的员工及优秀管理者应具备哪些基本素养和能力。

【关键词】卢作孚;管理的内涵与本质;管理者的角色与能力

【适用课程】管理学;企业管理;人力资源管理;企业文化

【教学功能】本案例主要涉及管理的内涵与本质。管理从本质上而言是人们为了实现一定目标而采用的手段,它涉及管理者应履行的职能、具备的基本素养和能力等问题。通过案例学习,学生们能体会到优秀的员工和优秀的管理者应具有的素养和能力,激发学习主动性和创造性。

【思政目标】弘扬卢作孚的企业家精神，提升大学生的社会责任意识。

【案例正文】

一、卢作孚简介

卢作孚（1893—1952），民生公司创始人，中国航运业的先驱，中国近代著名爱国实业家、教育家、社会活动家，有"中国船王"和"中国科学管理专家"之称，也被誉为"北碚之父"。

二、卢作孚的"人"的现代化思想

卢作孚关于"人"的现代化思想，集中体现在乡村建设与企业人力资源管理方面。他曾提出在列强环伺下，中国必须减轻社会震荡，唤醒民族，改良社会，加速社会现代化发展进程，其中最重要的环节是提高人的素质。卢作孚从创办民生公司开始，就把人的因素看作企业发展的决定性因素。重视员工的价值是卢作孚管理思想的核心，更是民生公司能在复杂的社会环境下发展壮大起来的精神动力。20世纪30年代，卢作孚把一个企业乃至一个社会是否拥有较多人才视为成败的根本，他指出："我们缺乏技术人才，尤其缺乏管理人才，如果这个根本问题不解决，则社会的一切问题都不能解决，只要训练人成功，就不必害怕所创造的社会失败，只要人成功，就会有若干公司的成功。"[①]

三、人事管理的首要问题在用人择人

基于"现代人"的认知，卢作孚还提出"人事管理之第一个问题在用人，用人之第一要义在择人"。他厌恶任人唯亲，认为通过亲朋关系介绍就业的制度是封建社会和小农经济时代的产物，必须建立任人唯

---

① 卢作孚：《中国的建设问题与人的训练》，北京：生活·读书·新知三联书店2014年版，第110页。

贤的用人制度。为此，民生公司在用人制度上抛弃了录用人员凭私人介绍的成规，制定了"低级人员考，高级人员找"的科学用人制度。即一律经过考试择优录取，一般技术管理人员和工人（包括茶房和水手），不许徇私，人员被录取后必须经过短期的业务和思想培训，然后再安排工作。对于高级技术和管理人才，则采用聘请办法，如征求、走访、登报招聘、托人代寻、请求学校派遣、科学单位推荐等。

根据"低级人员考，高级人员找"的科学用人制度，卢作孚搜罗了大批人才。民生公司处级以上人员均具备专业知识或才干，甚至是知名学者和技术权威。例如：原江南造船厂总工程师、造船专家叶在馥，造船专家张文治，锅炉专家李永成，领航专家金月石，海商法专家魏文瀚，进步作家李劼人，以及经济管理人才江昌绪、童少生、杨成质、李肇基、周雁翔等，后来都成了民生公司的骨干。

四、德才兼备的用人标准

人员配备是现代组织管理中的重要一环，卢作孚基于对"现代人"的认识，提出德才兼备的用人准则。在卢作孚为民生公司制定的用人标准与考核提升标准中，所谓才干，是指实际工作能力。虽有文凭而无实际工作能力者，不委以重任或不予聘用。虽无文凭但有实际能力者，仍委以重任。各职级除了技术要求外，还包括品德：有远大理想和事业心，有攻克难题的勇气，有孜孜不倦、持续研究学习的恒心，绝对遵守公共秩序和公共卫生规定，坚持锻炼，对不良嗜好疾恶如仇，对同事的危难及时援助，对群体活动有热情，头脑清醒，办事正确而迅速，富于创造力，等等。

五、重视对员工的培训

卢作孚十分重视员工的培训工作，认为只有提高全体工作人员的素质，才能保证企业的健康发展。他指出管理方法的实施要特别重视训练所有工作人员，使其工作有效率，有技术，且有管理能力。

卢作孚不惜重金，在民生公司和北碚开展职工培训，创办各种训练班。例如：以社会为课堂训练职工吃苦耐劳的义勇训练班，提高工人文化水平和技术水平的水手训练班、茶房训练班，提高技工能力水平的艺徒训练班和航业、驾驶专业训练班，会计训练班、英文班、国文班、识字班，等等。卢作孚还为职工设立了图书馆、阅览室、游艺园，为了适应现代技术进步的要求，他还选送一些职工进入各种专业学校学习或出国深造，前后共达百余人。

卢作孚尤其重视员工的思想教育，他指出："许多人之所以不能解决诸多问题，不是先天缺乏了什么资质，实则后天所从社会得来的行为缺乏了训练，缺乏解决当前许多问题的技能训练，员工普遍缺乏要求、缺乏习惯、缺乏能力。"① 其中，"缺乏要求"是指缺乏理想或远大志趣；"缺乏习惯"是指自由散漫，缺少遵守集体生活和纪律的习惯；"缺乏能力"是指缺乏知识和技术。为此，卢作孚开设的各种训练班都包含了精神教育课，主要讲授振兴中华、实业救国等爱国主义思想。他还结合自身经历，宣讲爱国主义、集体主义和艰苦奋斗等"民生精神"。

【思考应用题】

1. 围绕人的"现代化"，思考管理的内涵与本质，结合案例谈谈你心目中的优秀员工应具备哪些能力和素养。

2. 结合卢作孚管理民生公司的实践经验，思考现代企业管理者应当学习卢作孚的哪些精神。

3. 卢作孚人的"现代化"思想，在人事管理方面有哪些经验可以借鉴？

---

① 卢作孚：《中国的建设问题与人的训练》，北京：生活·读书·新知三联书店2014年版，第125页。

案例2　鲁冠球的管理艺术

【摘要】中国改革开放以来的第一代企业家中，鲁冠球是较为特殊的一位。他是一位初中都没毕业、铁匠铺学徒出身的"土老冒"，在40多年改革开放大潮中，带领员工缔造了一个"打不死、拖不烂"的商业传奇——万向集团，而这正得益于鲁冠球独到的战略眼光、浸润实干精神的企业文化和与时俱进的激励机制。

【关键词】鲁冠球；实干精神；管理者角色与技能；战略决策；激励

【适用课程】管理学；企业管理；企业文化；人力资源管理；战略管理

【教学功能】本案例主要涉及管理者的角色与技能、管理职能、激励等知识点。通过本案例教学，学生可以具象化感受优秀企业家应具备的素养，深化对管理的内涵、职能的理解。

【思政目标】弘扬鲁冠球的企业家精神，培育学生精益求精、脚踏实地、"干中学"等职业精神。

【案例正文】

一、鲁冠球简介

鲁冠球（1944—2017），出生于浙江省杭州市萧山区，改革开放后第一代民营企业家、万向集团创始人，曾任万向集团董事局主席。从1969年带领几个农民集资4000元创办农机修理厂，到2017年控股4家上市公司，参股20多家A股、港股及新三板企业，拥有30余家海外企业和40家海外工厂，鲁冠球把握历史契机，历经半个世纪艰苦卓绝的奋斗，成功创建出一个千亿级别的商业集团，被社会各界誉为"中国企业家中的常青树"。有人说鲁冠球身上拥有中国真正的企业家精神，无论是个人层面的敢为人先、冒险精神，还是公司层面的勇于创新、工匠精神，抑或是社会层面的家国情怀、担当精神，都能体现其身上的企业家精神。

二、鲁冠球的"蓝海战略"

"蓝海战略"出自 2005 年金伟灿（W. Chan Kim）和勒妮·莫博涅（Renee Mauborgne）合作出版的《蓝海战略》一书，其基本观点是："红海"就是红色的大海，处于沿岸近海，水质混浊，鱼虾瘦小，但大部分人只会在这个小范围内捕鱼，因此竞争激烈、收获微薄；而在远离海岸的未知区域，海洋是蓝色的，水质优良，鱼虾肥美且储量丰富，但大部分人很难到达，因此捕捞者获利丰厚。企业应当突破红海的残酷竞争，不把主要精力放在打败竞争对手上，而是集中精力为客户与企业自身创造价值，并由此开创新的"无人竞争"的市场空间，彻底摆脱竞争，开创属于自己的一片蓝海。蓝海战略要求企业把视线从市场的供给一方移向需求一方，从与对手竞争转向为客户提供价值。通过跨越现有竞争边界看市场，以及将不同市场的客户价值元素进行筛选与重新排序，企业将重建市场和产业边界，开发巨大的潜在需求，从而摆脱"红海"的血腥竞争，开创"蓝海"，实现同时追求"差异化"和"成本领先"。

虽然蓝海战略是 21 世纪战略管理领域的新理论，但其基本思想自清朝以来就被我国江浙一带的"小商贩"所实践。他们的着眼点不是寻找大路货，而是那些"犄角旮旯"里"针头线脑"的小生意，比如纽扣、螺栓、门把手、一次性打火机等，凡是别人看不起的他们都做，这其实就是蓝海战略的"微时代"。

生于浙江的鲁冠球从小耳濡目染，在做了几年小农具、修了几年自行车后，逐步把经营重点聚焦到了万向节上。原因很简单：一是他发现做小农具等生意可以赚钱，但不能持续做大；二是当时我国每年要进口很多汽车，而国营企业因为汽车配件需求小、要求高、利润低而不愿做。鲁冠球发现商机，毅然决然地选择了这块"鸡肋"，为进口汽车做易磨易损件——万向节。"宁围公社农机厂"（万向集团的前身）的这一战略选择，既源于江浙人得天独厚的商业传统，又暗合了蓝海战略的基本思想，在冥冥之中奠定了后来万向集团行业全球领先的市场地位。从这个角度看，战略"眼光"对于企业一把手而言，永远是第一位的。

三、滴水穿石的实干文化

"干"是人生追求。江浙地区的生意人是最肯干、最实干的。鲁冠球总结万向集团的"长寿秘诀"就是持续不断地实干。"只要你尽心、尽责、尽力去做一件事情，当别人一周工作5天，而你一年365天都不休息，甚至大年初一还加紧干的时候，你就一定会成功""怨天尤人没有出路，消极悲观走向死路""天上不会掉馅饼，地上没有免费的午餐"[①]……鲁冠球在实干中将万向集团发展起来后，又适时将原始意义上的"干"升华为持续不断的"学"。他每天都坚持看书、读报、听新闻，为的就是紧跟时代变化，提升自身修为和管理能力。

鲁冠球不仅自己以干为乐，还以水滴石穿的方式，慢慢将"实干"变成了万向集团的企业文化。一是身体力行、以身示范，因此他提倡的"实干"文化在员工中具有很强的说服力；二是持续不断地灌输，在他正式发表的文章和公开的内部讲话中，无一例外地涉及了"实干"，甚至到了"三句话不离实干"的程度；三是融实干文化于激励机制中。在以身示范和持续灌输的同时，鲁冠球将实干文化有机融入公司的激励机制中，相当于为实干的快车铺设了通畅的轨道，其效果不言而喻。上述三套"组合拳"，充分展示了鲁冠球的管理艺术。

四、实施与时俱进的激励机制

鲁冠球自创办企业以来就善于利用激励机制来激发员工的积极性和

---

① 毕亚军：《鲁冠球：坐在办公桌前，我心里才踏实》，https：//m.jiemian.com/article/641867.html（访问时间：2016年5月9日）。

创造性。1971年，他开始推行生产计划，要求按月把计划落实到车间。为了确保计划落地，他专门配备了统计员，每天汇总生产情况，这比海尔的"日清日高"还早十来年。随后，他又率先在国内尝试计件工资和计时工资制，根据工人的实际劳动时间、工作量来分配工资。1972年，推行奖金制度，将超产利润按一定比例下放到车间。1982年，推行联产计酬制度，将收入分配与企业利润全面挂钩。随后几年，鲁冠球又率先在民营企业中尝试进行股份制改造，从而使万向集团的激励机制日渐系统、成熟。

上述举措在当时冒着巨大风险，但极大地激发了员工斗志，凝聚了人心，在确保产品质量的同时，极大提升了员工的效率。20世纪70年代，万向集团日创利润1万元，员工个人最高年收入1万元。20世纪80年代，企业日创利润10万元，员工最高年收入10万元。20世纪90年代，企业日创利润100万元，员工最高年收入超过100万元。到了2009年，企业日创利润1000万元，员工最高年收入1000万元，提前实现了第四个"奋斗十年添个零"的目标。

万向集团激励机制的独到之处在于其跟随环境进行动态优化。20世纪70年代，国内商品严重短缺，产品不愁卖，因此公司重点激励的是生产能手。20世纪80年代，各类竞品大量涌现，买方市场初现端倪，因此公司重点激励的是业务明星。20世纪90年代，随着经营规模壮大，公司顺势推行了高级经理年薪制、技术人员项目制、销售人员提成制、管理人员分级制、生产人员计件制的分级分类薪酬模式，重点激励的是能够带领员工为公司创造利润的经营者。到了21世纪，万向集团国际化巨型企业的趋势开始显现，与主要竞争对手比拼的是公司架构、流程再造，以及全球化整合资源的战略能力，公司此时的重点激励对象则适时调整为能带领公司驾驭全球化市场的职业经理人。

随着公司内外环境的不断变化，万向集团的激励机制和管理模式也在不断调整优化。万向集团由"萌动少年"到"有为青年"再到"魁梧壮年"的健康成长，得益于战略目标清晰明确，以及"掌舵人"鲁冠球的管理艺术。

【思考应用题】

1. 从 15 岁辍学到成为亿万富翁，鲁冠球靠的是"蓝海战略"和实干精神。在当前背景下，他的成功能否复制？学生自由分组，形成正方和反方两个小组，查阅相关资料，并在小组内展开讨论。

2. 鲁冠球是浙商的骄傲，也是中国的骄傲，他的经营理念和管理艺术对万向集团的发展产生了重大影响。请结合案例，思考新时代企业家应具备哪些素养和管理技能。

案例 3　任正非的"不谋长远者，不足以谋一时"管理观

【摘要】思想的深度决定行为的广度，企业家的管理哲学是企业最深层次的竞争力。任正非，一位优秀企业家，他的管理哲学融合古今中外优秀管理思想。他凭借"狼性"文化管理哲学、人才哲学、团队哲学、奋斗哲学、研究哲学、"不死华为"等精神，带领华为不断走向辉煌。同时，他也基于华为实践，建构了一套宏大的企业生存和发展理论，即任正非的"企业观"。

【关键词】任正非；奋斗精神；管理哲学

【适用课程】管理学；企业文化；企业管理

【教学功能】本案例主要涉及管理理念、管理者素养与管理艺术、企业文化等知识点。通过本案例学习，学生可以直观感受到组织文化的内涵与功能，加深对管理者内涵与特征的理解。

【思政目标】弘扬以任正非为代表的优秀企业家精神、工匠精神、劳动精神，激发学生的爱国情怀；培育学生的开拓创新精神和艰苦奋斗精神。

【案例正文】

企业是可以有思想的,而思想的力量是巨大的。有思想深度的企业,才能飞得高、行得远;有思想深度的企业家,才能打造出一流的企业。在华为30多年发展实践中,任正非建构起了一套宏大的企业生存和发展理论,即以华为实践为蓝本的"企业观"。所谓"企业观",就是关于企业生存和发展的思想理论,也可以说是企业管理的世界观和方法论。

一、任正非的企业本体论

"本体论",就是关于事物存在和发展的最终、最根本的依据,是事物发展的最基本规律。企业的"本体论",就是指企业何以产生、何以存在的根本问题。任正非认为:"为客户服务是华为存在的唯一理由。因为客户满意是一个企业生存的基础,企业不是因为有了满意的股东、满意的员工才得以长期存在,而是因为客户对企业提供的产品和服务感到满意而支付钱款,企业才得以持续生存和发展。"① 这是对企业"何以来""何以在""何以存"的本体追问及回答。

二、任正非的企业主体论

企业的"主体论",就是指企业的生存和发展依靠谁的问题。企业要活下来、要实现发展目标、要为客户创造价值,要由谁、靠谁去实现?这涉及企业发展或创造财富的主体问题。任正非十分鲜明地提出,华为要"以奋斗者为本"。

华为的主体,是包括出资的资本所有者、企业管理者、企业员工等所有"华为人",但"华为人"应该是"奋斗者"。奋斗是华为的"大道理",奋斗精神是华为文化的核心。任正非的智慧和成功之处,是带出了一支"奋斗者"队伍,尤其是"奋斗者"中的各类杰出人才。

---

① 王永昌:《华为:磨难与智慧(连载之四)》,载《企业家日报》,2019年11月25日,第8版。

三、任正非的企业理想论

明确了企业为了谁、依靠谁的问题后,接着就要确立远近结合的企业发展战略、发展目标。人是有理想、目标和追求的动物,创办并经营好企业是理想的外在化、行为化,任正非是极具理想、信念和使命的。从"活下去是最低纲领"到"理想比金钱重要""华为不受资本绑架",从为自己、为家人、为国家、为民族奋斗到为人类社会信息智能化服务——"构建万物互联的智能世界",从在通信产业占有一席之地到"三分天下有其一",从一家中国草根民营企业到"站在世界最高点"的世界级一流企业……任正非是一个行动的理想主义者,他反对缺乏理想的机会主义。

在企业发展进程中,目标理想会有阶段性和侧重点,且必须贯彻落实到各个环节。任正非的内心始终有一个理想世界:最低纲领是活下去,最高纲领则是攻上通信行业的"上甘岭",成为引领行业发展的世界先进企业,进而迈入"无人区",开辟新"航路"。在最低目标与最高目标之间,则有无数现实可行的目标群。如果企业没有近、中、远结合的理想目标,自然无法行稳致远。

任正非引领的华为极具目标感、方向感、想象感、使命感,这是华为成功的密码之一,是华为成长发展富有历史厚重感和时空穿透力的重要原因,也是任正非对企业管理理论的重大贡献。企业要成就一番大事业,引领企业的领袖必定是富于想象力、感召力和坚强意志力的理想主义者。

四、任正非的企业战略论

企业的"战略论",即企业贯彻始终、由近及远、适时校正的发展方向,也是企业生存和发展的战略线路。华为的战略方向就是"信息管道"和"智能社会"。多年来,华为集中一切力量对准这个"城墙口"进行大规模"炮击",坚守这一战略定位不动摇,坚持"只干一件事"的工匠精神,最终具备强大的核心竞争力,形成了其他企业难以轻易取代的竞争优势。

华为的核心竞争力,是华为自己掌握、研发的核心技术。华为每年投入150亿美元左右用于研发,其中30%用于基础理论研究和创新研究,用技术来减少不确定性。缺乏核心竞争力的"护城河"和"防火墙"是不安全的,华为人用"一杯咖啡吸收宇宙能量",在"无人区"安装大量"探照灯",在全球建立"强大的能力中心"和"思想火花研究院"(思想研究院),在无数不确定性中寻找确定性,确保"方向大致正确",防止出现颠覆性的战略方向错误。

五、任正非的企业动力论

企业的"动力论",就是企业生存和发展主要推动力的理论。让组织充满活力,这是事关企业生存和发展的根本问题。任正非认为,企业作为社会法人,自然有一个生长、发展和死亡的过程,企业家的职责就在于有效延长企业的生命,而延长企业生命就必须让企业充满活力。

企业的活力取决于企业内所有人都在为自己的理想和利益去拼搏奋斗。华为所有的管理活动和制度,前提假设都是:员工是努力奋斗的,企业是不让"雷锋"吃亏的。华为的价值评价标准从不模糊,以奋斗者为本,多劳多得;"雷锋"更要先富,这样人人才会想去当"雷锋";基于贡献拉开分配差距,打破平衡,形成张力和活力。如果单靠物质激励,企业与员工就仅仅是雇佣关系。员工缺少使命感和责任感,进而就缺少积极向上的动力。华为按贡献实绩考核分配,评价选拔干部,对贡献多的员工实行配股制,加上全方位的理想精神教化,使得华为人一直充满发展动力。

华为的发展动力除了物质(包括职务提升等)激励和精神(包括价值、理想、事业、地位、荣誉等)激励外,还有一个特别重要的做法是忧患意识。华为构筑起的正向与反向互补互动的双向激励机制,是任正非对企业管理理论的又一贡献。

六、任正非的企业危机论

企业的"危机论",是指解决企业生存和发展风险问题的理论。任正非认为,从发展结果看,企业的结局总是死亡,这是历史规律;从发展过程看,企业每天都面临死亡的威胁,所有决策都有失败的风险。任正非把企业的生长过程看作热力学第二定律的"熵减"过程,把企业的消亡看作"熵增"过程。企业家的职责和一切努力,都在于减少"熵增"、增加"熵减",延长企业生命。因此,企业必须有危机意识,加强危机管理,要有"极限生存假设"和"备胎计划",必须以可控的确定性去应对和化解不确定性,使企业长期保持积极进取、充满活力的成长状态。

华为在应对危机和不确定性方面,从思想理念到制度机制都建立了独特的系统,建立了反危机、反"熵增"和不确定性应对机制,这是华为成功的又一"密码"。

七、任正非的企业生态论

企业发展需要良好的内外部生态环境,越具规模的企业越需要重视这种环境。任正非先后提出了"以合作换取和平""华为不做'黑寡妇'""妥协是一种'丛林智慧'""竞争对手是'友商'""像苹果那样撑起产业链'大伞'""开放合作才能永存""宽容是一种美德"等理念,并付诸实践。任正非认为,"开放、妥协、灰度"是企业发展必不可少的逻辑,是华为生存发展的一大"秘密武器"。"灰度"的含义就是不走极端,宽容、妥协,善于吸收各家之长、平衡各方利益、处理各方关系,调动方方面面的积极性。任正非的"开放、妥协、灰度"理念,是一种统筹思维方式和理性主义,也是尊重各方、平衡矛盾的领导艺术,其实质是营造企业发展的生态环境。"灰度管理"也可以说是企业发展的方法论。

一切要素的背后是"人",而人或者说人的行为都是有"想法"和"态度"的。优秀的企业家能看到有形要素背后的无形思想和文化的力量,而且能用其推动企业发展。任正非就是这样一位极具智慧的企业家。华为的成功告诉我们:企业的生存和发展,无疑是要比技术、比产品、比服务、比投入、比管理、比人才,但更重要的是比情怀、比意志、比文化、比思想。思想力是企业竞争最深层、最持久的力量。

【思考应用题】

1. 思考任正非的"灰度管理"方法论,对于当代大学生的校园人际交往,有哪些可以借鉴的经验。

2. 查阅相关资料,结合案例,谈谈领导者风格对于企业的管理方式会产生哪些影响。

案例4 "课程实践+课程劳育"活动：
访谈一位管理者

劳动教育融入专业教育是新时代人才培养模式改革的基本要求。对于普通高等院校而言,除要求独立开设劳动教育必修课外,还要求在学科专业中有机渗透劳动教育。劳动教育融入专业课程不仅有助于加深学生对理论知识的理解和掌握,促进学生提升专业实践能力,还有助于培养学生正确的价值观和职业观。案例编写组积极打造"课程思政+课程实践+课程劳育"一体化教学模式,根据课程内容选择和开展实践活动。如在"管理学"总论篇,为加深学生对管理职能和管理者素养、能力的理解和掌握,激发其对课程的兴趣,组织开展一次"访谈一名你身边的管理者"课外实践活动。

【劳动目标】

知识目标：掌握管理的内涵与特征、管理者素养等知识,并能应用管理者素养和技能指导实践，加深学生对课堂所学管理理论知识的理解。

能力目标：提高学生的动手能力、专业实践能力，增强学生的沟通协调能力。

思政目标：培育敬业、诚信、创新、奋斗、合作、奉献等新时代劳动精神；培养吃苦耐劳、严谨细致的劳动品质，使学生在出力流汗中感受劳动的意义和快乐，体会"实干兴邦"的道理。

【劳动内容】

1. 访谈你身边的一名管理者，请其谈谈成为优秀的管理者应具备哪些技能和素养。

2. 要求每位同学提交的访谈报告要包括访谈提纲、访谈照片、访谈记录和心得体会等内容。

【劳动方法】

1. 资料查阅法。搜集与访谈对象相关的信息资料，确定思路。

2. 小组研讨法。集思广益，认真听取成员的意见，做好前期准备，拟定访谈提纲。

3. 访谈法。采取线上或线下面对面访谈形式，搜集一手资料。

【劳动过程】

1. 汇总、整理前期搜集的关于访谈对象的信息资料。

2. 确定阶段性中心任务和工作重点。

3. 分解劳动内容，使预期目标具体化、明确化。

4. 构建团队组织框架，明确小组成员的任务分工。

5. 明确计划实施的时间和地点，了解计划实施的环境条件和限制，以便合理安排计划实施的空间组织和布局。

6. 计划实施。

7. 形成最终的汇报成果。

【劳动成果】

访谈汇报示例
以业主为中心，让员工更满意
——某物业公司访谈报告

一、访谈背景

加快发展物业服务业是满足人民群众不断增长的美好居住生活需求的重要举措。疫情发生以来，物业服务企业通过完善服务标准、扩展服务内容、更新管理手段、推荐技术升级、创新品牌建设、赋能系统管理、提升从业人员素质等方式，实现行业转型升级、高质量发展的目标。当下，某物业公司在物业行业有着举足轻重的地位，某物业公司管理正处于黄金时期，整个物业管理的边界和内涵也正在重塑。因此，我们将走进某物业公司，深入了解金科管理层对自身的看法。

（一）访谈缘由

某物业公司作为行业大佬，对某物业公司进行走访调查，了解该物业服务工作的核心价值，了解其管理者和员工的精神工作面貌，有助于理性地看待现阶段的物业服务工作，从而更加深入了解某物业公司的管理方法与理念。

（二）访谈流程

访谈流程如图1-1所示。

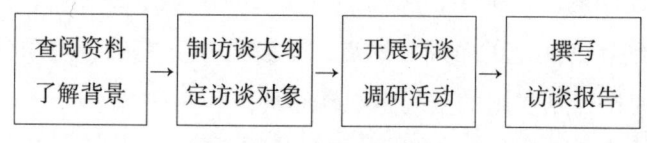

图1-1 访谈流程示意图

（三）访谈分工

访谈分工情况如表1-1所示。

表 1-1　访谈分工情况

小组成员	主要负责内容
秦同学	整理第一部分内容；整合编辑排版
陈同学	整理第二、第三、第四部分内容
吴同学	整理第五部分内容；制作视频及图片
刘同学	整理第七部分内容
孙同学	整理第六部分内容

二、访谈对象

娄经理，男，35 岁左右，重庆人。本科毕业，持有物业从业资格证等证书，管理经验丰富。现任某物业公司项目经理，负责项目人才团队建设，包括前期人才团队组建和后期人才团队配置、培养；以及推广和跟进增值服务，定期做好满意度调查及拜访业主工作。在岗时间长达 5 年。

三、访谈时间

2023 年 3 月 5 日 10：00—11：00。

四、访谈地点

某物业公司服务中心。

五、访谈内容

本篇访谈内容是根据小组分工进行的视频采访（见图 1-2）内容整理得出，具体采访内容如下。

图 1-2　某物业公司访谈实录视频截图

(一) 某物业公司基本情况

访：娄经理，某物业公司内部员工管理中有哪些规章制度？

答：岗位制度、考勤制度、廉政制度等，其中岗位制度和考勤能够帮助我更好地管理各项目的员工。

访：某物业公司分为哪几个管理板块，管理模式是什么？

答：某物业公司主要分为四类。(1) 居住物业：包括住宅小区、公寓等。(2) 商业物业：包括商业中心、酒店等。(3) 工业物业：包括工业厂房、仓库等。(4) 其他用途物业：包括车站、医院、学校等。

我主要管理的是居民物业板块。我们管理模式是有相应的规章制度的，大家都能照章办事，也能灵活变通处理一些突发情况。

图1-3 某物业公司服务中心一览

(二) 管理者基本情况

访：请问娄经理，作为管理者，如何做到合理分配员工工作从而使其达到高效率？

答：我用16个字总结：抓住需求，投其所好，技巧合理，灵活运用。

访：您如何处理员工和业主之间的冲突？

答：作为一名物业工作人员，首先态度要端正，不应该与业主发生冲突。如果真有类似的情况发生，我处理的方法是：首先控制事态的发展，将双方劝离，分别进行沟通，了解情况，并向业主表达歉意，最后根据事情的因果关系进行处理。

访：之前疫情管控的特殊情况时期，您认为与平常的管理工作有什么不同，运用了哪些管理方法，怎样平衡业主和员工的生命健康和物资的？

答：疫情当下，疫情就是命令，防控就是责任。在疫情防控时期，小区业主们的正常生活秩序更需要重视，更需要及时了解业主们的心声和需求，随时保障小区的生活物资，也更需要保护员工能够正常上下班。

我们主要采用网络建群的方式保障业主们的生活需求，通过本物业员工的统计的方式，每天在业主群进行生活物资需求数量统计，员工免费送货上门，确保业主安心居家；同时也为员工准备防疫物资，在保障业主的同时也保护好了自己的员工。

访：您认为在项目管理工作中哪方面最有意义？

答：我负责的这两个小区比较特殊，小区居住的空巢老人较多，他们的子女多数不在身边，导致生活较为困难。在我得知这个情况后，我会组织员工主动上门关心他们，慢慢地我们成了朋友。老人们远在外地的子女对我们员工表示由衷的感谢，让我明白了物业管理是最注重人文情怀的。组织员工上门和小区大活动之类的事情获得了业主的好评，也为手底下的员工赢得了良好的声誉，双赢的结果让我在以后的工作中更加有信心。

图 1-4 某物业公司组织的小区社团活动

（三）管理者态度

访：您认为，与其他物业管理公司相比，某物业公司的管理有什么独特之处吗？

答：某物业公司始终以"客户（业主）为中心"，要求做到三个满意：社会满意，业主满意，员工满意。金科的独到之处在于强调做好每个细节，打造高端的服务，同时也让员工养成了严谨做事、宽容待人的好习惯。

访：您认为自己作为管理者，主要充当哪方面的角色？是决策方面多，还是信息传递多，还是人际方面多呢？

答：作为一名项目管理者，这三方面的角色都充当了，主要还是决策多一点，通过安排下属去做一些项目，维护金科形象。

访：您认为在现在这个岗位上最需要的是什么技能？人际关系，概念，还是技术？

答：我觉得需要概念。我经常负责规划小区大大小小的事务，让安排的事情都能达到一定的效果。

访：您怎么看待某物业公司"人人事事有责任，时时处处讲效率"的管理目标？

答：我用马云的一句话回答：不加班是对的，加班也是对的，但是工作没有完成，没有效率，那一定是不对的。所以，我认为我和员工们都应该注重效率，积极建设。

访：您认为在这个岗位上需要具备什么样的品质才能够更好地管理员工？

答：我觉得首先是在员工面前树立良好的形象，以身作则，做好榜样，以德服人，随时了解员工的心声和需求，以制度加人性化管理，使员工尊重和佩服你，通过影响力让大家做事。

访：您是如何提高员工工作的积极性和主动性，让他们在活动过程中产生某种认同感的？

答：我觉得首先是加强对员工的培训和管理考核，让员工随时认清自己的角色，使其明白工作的重要性。

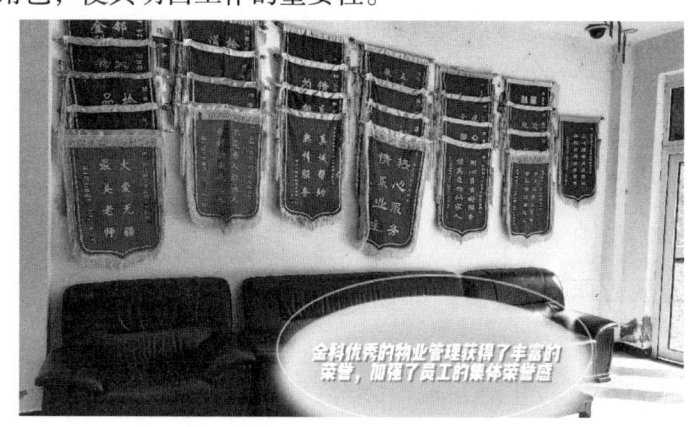

图 1-5　某物业公司获得的荣誉

访：您如何提高做正确的事的能力和用正确的方法做事的能力？

答：首先是要有一定的觉悟，态度得端正，思想得干净，认知得明确。总的来说就是：要坚持做一件事，努力完成工作并传达员工正确的理念；要有良好的承受力，自己的能力也要过硬，这样效益才该会大幅提高。

六、访谈小结

今天有幸采访到娄经理。我们围绕某物业公司的基本管理情况、管理者的基本情况、管理者的态度以及在疫情这个特殊背景下的管理方式这几方面进行了提问。娄先生首先介绍了某物业公司的四个管理板块和金科的制度规章，接着阐释了管理者需要的技能、态度和应该具备的品质，强调疫情下要兼顾业主与员工的利益。

1. 某物业公司的基本管理情况。在与娄经理的交谈中，我们发现娄经理身为管理者，特别强调物业管理需要用人文情怀对组织成员在活动中的行为进行有效协调。在组织和协调业主和员工活动过程中，管理者要依循人本、系统、效益及适度等基本原理，并利用自己作为管理者的智慧，借助某物业公司所赋予其的权力和对应的制度规章进行高效管理。

2. 管理的内涵。娄经理用16个字高效总结了作为管理者进行有效领导的要求——"抓住需求，投其所好，技巧合理，灵活运用"，可以看出娄经理贯彻了以人为中心的人本原理要求和以客户（业主）为中心的职业道德理念，既是"为了人的管理"，又是"依靠人的管理"。

3. 管理者的态度。娄经理谈到小区中的空巢老人较多，针对这一情况，他组织员工主动去关心这些老人。正是因为娄经理秉持以人为本的态度，重视管理的人性化，坚持为业主利益服务，所以才能从中获得了信心，实现了有效管理。

4. 特殊背景下的管理方式。"疫情当下，疫情就是命令，防控就是责任。"娄经理的管理方式与时代背景密切相关，面对疫情，他采用网络建群的方式，创新了管理的方法，根据时代背景对管理方式做出恰当的调整，让管理更符合当下发展的需要，从而达到在保障业主的同时保护好了员工的目的。

通过这次采访，我们发现金科的独到之处在于强调做好每个细节，打造高端的服务，同时让员工养成了严谨做事、宽容待人的好习惯。可以看出娄经理拥有丰富的管理经验，针对物业管理需要及特点，采取了正确措施去提高和维持组织成员的工作积极性。

七、反思与改进

此次访谈是步入大学后的第一次实践作业，是自我规划、自我设计、自我完成的探索性作业，更是一次突破自我的挑战。这次访谈让我们对管理者有了更生动的了解，深刻理解了老师在课堂上讲解的管理四大原理；同时，对于老师所讲述的管理者不同角色有了更直观的感受。对此次访谈的收获做出以下总结：

首先，我们要重视专业技能学习。管理存在于日常生活的方方面面，但是并不是所有人都可以成为管理者，所以我们要利用在校时间不断夯实基础，提高自己的专业竞争力。

其次，我们要积极投入实践，去经历，去感受，去领会。获取知识和提高技能有两条途径：一是从学习中获取，二是从实践中获取。实践出真知，这是亘古不变的真理。只有在实践中，我们的专业知识和相关技能才能得到提升和发展，我们才能提高自身综合业务素质，扩展自己的优势和成功渠道。

再次，虽然本次采访较为顺利，但由于物业工作者的职业要求，没能通过采访了解到某物业公司管理的缺陷和不足，导致采访的内容不够全面；访谈者回答问题时不敢谈及管理缺陷，使得这次访谈工作没能深入挖掘到更多更深层次的问题。

最后，本次访谈也让我们发现了自身的不足：一是在与人沟通的过程中需要注意方法；二是需要提升自己应对和处理突发状况的能力。

模块二　管理思想及理论演进

　　管理理论是在思考和总结管理实践、凝练与概括管理思想的基础上,对管理活动一般规律的抽象和总结。本模块主要包括中国传统管理思想、西方古典管理理论、现代管理流派及当代管理理论等章节的重点、难点知识。结合中西方管理思想与我国本土企业的管理实践,按照"古代—近代—现代—当代"时间线,选取包括白圭、范蠡、张元济、陈嘉庚、曹德旺、张瑞敏、任正非等爱国企业家案例,先追本溯源至中国传统文化中的儒、道、法家管理思想,再谈白圭的权变管理思想与范蠡的经济管理伦理,而后谈近现代企业家张元济的教育救国思想、华侨企业家陈嘉庚的爱国情怀与革新精神,最后介绍当代企业家曹德旺的佛学管理思想、任正非的军事管理思想,以及张瑞敏的颠覆式创新理念,看不同时代背景下的企业家如何传承并发扬我国传统商业文化,以促进学生深入理解管理学的经典理论,通过案例学习明晰管理实践、管理思想、管理理论三者间的关系,坚定文化自信,弘扬新时代企业家精神和中国传统文化中的优秀管理思想。

案例5　中国传统文化中的管理智慧

　　【摘要】中国传统文化中蕴含丰富的管理智慧。古代帝王将相多以儒学作为执政的理论之基,《论语》是儒家学派的经典著作之一,宋朝宰相赵普更有"半部《论语》治天下"之说。《道德经》被誉为"万经之王",被后人尊奉为治国、齐家、修身、为学的宝典。

【关键词】中国古代管理思想;儒家管理思想;道家管理思想;法家管理思想

【适用课程】管理学;企业文化;行为管理学

【教学功能】该案例主要涉及中国传统文化中蕴含的管理智慧、管理者角色及素质、管理工具等知识点。通过案例学习,学生可以深入理解中国古代管理思想的主要内容,具象化感受中国传统文化中的管理思想。

【思政目标】增强文化自信和文化自豪感,培养学生权变、系统、创新、开放的管理思维,弘扬和发展中国传统文化中蕴含的管理智慧。

【案例正文】

一、儒家文化中蕴含的管理思想

儒家思想是中国传统文化的主流,孔子和孟子是儒家主要代表人物。孔子,名丘,字仲尼,春秋后期鲁国陬邑(今山东省曲阜市)人,是儒家学派的创立者、中国古代最著名的思想家和教育家。孔子在垂暮之年总结自己的思想进程时说:"吾十有五而有志于学,三十而立,四十而不惑,五十而知天命,六十而耳顺,七十而从心所欲,不逾矩。"[①]《论语》是一部记录孔子及其弟子言行的书,由孔子的弟子和再传弟子编辑而成。儒家学说的核心思想是"仁",《论语》中孔子及其弟子的言体现了这一思想。

儒家思想中与管理有关的主要内容大致可以归纳为两大方面:一是政治思想,即关于国家与社会的治道、政道等政治智慧。二是人学思想。儒家文化中蕴涵了非常丰富的管理哲学,特别是关于为什么要做人、做什么样的人以及如何做人等为人的道理,回答了人为何存在、怎

---

① 刘胜利主编:《论语》,北京:中华书局2006年版,第8页。

样存在等涉及人的生存与发展的问题。

（一）"修身、齐家、治国、平天下"的管理思维

"格物、致知、诚意、正心、修身、齐家、治国、平天下"，这是我们先祖在几千年前就提出的古训。管理是一种历程，起点是修己，终点是安人。任何人都应从自己做起，把自身修养好，再通过做人做事的具体行为，来促进他人和社会的安宁。中国传统文化以人伦关系为基本，讲究父慈子孝、兄友弟恭、君贤臣忠，追求群体互助，不同于西方的"个人本位"和"自我中心"。中国文化突出人本主义精神，提倡人的行为要符合道德规范。各个阶层的人要安分守己，恪守礼制。"知人者智，自知者明"，只有明确自己的角色和位置，才不会做不恰当的事，说不恰当的话。

（二）以仁为核心的管理哲学——"德主刑辅"

子曰："道之以政，齐之以刑，民免而无耻；道之以德，齐之以礼，有耻且格。"① 意思是：靠政令来领导，用刑罚来规范，百姓能免于犯罪，但没有羞耻心；用道德来引导，用礼来规范，百姓就会有羞耻心，并且真心归服。孔子主张兼用内外两种方法，内指用道德来引导，外指用礼来规范。

（三）"政者，正也"的管理示范

关于如何成为一个好的管理者（领导者），《论语》中有很好的示例。季康子问政于孔子曰："如杀无道，以就有道，何如？"孔子对曰："子为政，焉用杀？子欲善而民善矣。君子之德，风；小人之德，草。草上之风，必偃。"② 意思是，季康子就如何执政问孔子，用杀掉坏人来警诫人们走正道，是否可行？孔子回答他说："执政哪用得着杀人，您如果成为品德高尚的人，民众的品德自然也会好的。君子的品德好比是风，百姓的品德好比是草。风吹在草上，草必定随风而倒。"正如

---

① 刘胜利主编：《论语》，北京：中华书局2006年版，第8页。
② [春秋]孔子：《论语》，张燕婴译，北京：中华书局2006年版，第110页。

《论语·子路》中所说："其身正,不令而行;其身不正,虽令不从。"① 季康子问政于孔子。孔子对曰:"政者,正也。子帅以正,孰敢不正?"② 也就是说,执政君(领导者)必须从端正自身开始,通过其人格魅力和道德感召力去治理民众,使民众愿意主动追随。

（四）中庸之道的管理方法

中庸之道是孔子思想的精髓。"中庸"是指按照适宜的方式做事,是一种不偏不倚、不走极端的处世哲学。例如,松下集团作为日本企业之首,非常推崇中庸之道,认为提倡中庸之道,就是提倡以诚、以宽、以礼待人;不偏听偏袒,而以社会利益为重,全面地观察和处理问题。

二、道家文化中蕴含的管理思想

道家学说是春秋战国时期以老子、庄子为代表的思想家所提出的哲学思想。"道"的原始含义是道路、坦途,后逐渐发展为道理,用以表达事物的规律性。春秋后期,老子最先把"道"看作宇宙的本原和普遍规律,成为道家的创始人。此后,在不同哲学体系中"道"的含义虽有不同,但基本已成为世界本原、本体、规律或原理的代名词。

道家思想起始于春秋末期的老子。老子姓李名耳,字聃,春秋时期楚国人。他曾做过周朝守藏室的史官,职位虽低微但能接触到周朝收藏的诸多典籍文献,这对于老子思想的形成起了非常重要的作用。老子的唯一著作是《道德经》,也称《老子》,言简意赅、字字珠玑。在中国哲学史上,老子把"道"作为哲学的最高范畴。老子的管理思想博大精深,涉及管理原则、管理环境、管理策略和管理者自身修养等多方面,其中"无为而治"是道家的治国理念。

《道德经》被誉为"万经之王",蕴含养生之学、人性修养、处世哲学、治国方略等内容。西汉初年,汉文帝、汉景帝以道家思想治国,

---

① [春秋] 孔子:《论语》,张燕婴译,北京:中华书局出版社2006年版,第116页。
② [春秋] 孔子:《论语》,张燕婴译,北京:中华书局2006年版,第110页。

使得人民在经历秦朝苛政之后得以休养生息,历史称之为"文景之治"。唐玄宗登基之年便昭告天下,以《道德经》为诸经之上,命天下士庶必须家藏一册,并亲自注解《道德经》。毛泽东曾多次引用《道德经》,如"将欲取之,必固与之"等,外出时还常常带上《道德经》。美国前总统里根在第二次就职演说中,用老子的名言"治大国,若烹小鲜"来阐释他的治国理念。从此,美国人对道家的兴趣便有增无减,甚至连美国科学院内也挂着"无为而治"四个大字。如今,越来越多的西方学者在探求其中蕴含的奥秘和智慧。

(一)"无为而治"的管理思想

老子提出"道常无为而无不为"的命题,用来阐释自然与人之间的关系。老子的"无为"思想有强调尊重自然规律、遏制统治阶级掠夺本性的一面,也有其过于排斥"有为"、忽视人的主观能动性的一面,这两面对后世哲学都产生了深远影响,影响了几千年的中国文化。老子认为天地之所以永恒,是因为它们无私。明白这个道理的人处处谦虚退让,结果反而会得到大家的爱戴。事事不计较利害得失,反而受益;世人名利得失之心太重,因而痛苦。

(二)"上善若水"的管理理念

在老子看来,"上善若水,水善利万物而不争。处众人之所恶,故几于道","夫唯不争,故无忧"。① 意思是说,最高境界的善行就像水的品性一样,泽被万物而不争名利。江海之所以能够成为一切河流的归宿,是因为它处在下游的位置上,包容万物。凡是能利物、利人之事,水都尽力为之。水的这种特性,可谓"上善"。

三、法家文化中蕴含的管理思想

我国的法治思想起源于先秦法家,后经演变形成体系。法家坚持以

---

① [春秋] 老子:《道德经》,麦田、刘斌释,北京:华夏出版社2009年版,第12页,第13页。

法为中心，主张法治，反对人治；主张"尚法不尚贤"，认为管理成功与否关键在于是否有健全的法规制度作为保障。法家是先秦诸子中对法律最为重视的一派，韩非是法家思想的集大成者，是战国末年韩国的贵族，著有《韩非子》一书，提出了完整的君主专制、中央集权的政治管理理论，对于现代管理仍有借鉴意义。

（一）以"法"为准绳

韩非曾指出，没有永恒不变的常规，法是随时代而变化的，但法一定要让人明了，而"术"一定不能被人觉察。通过法律告诉百姓什么应该做，什么不应该做。需要注意的是，法律一经公布，君主就必须明察百姓的行为，因为君主有势，可以惩罚违法的人，奖赏守法的人。如果以"法"为准绳，那么不论有多少百姓，都可以成功治理。此外，他还强调制定法律就要严格执行，任何人都不能例外，做到"法不阿贵""刑过不避大臣，赏善不遗匹夫"。

（二）以"利"为安民之本

法家持人性本恶观点，认为人都是利己的，一切行动从自身利益出发，趋利避害，"天下熙熙，皆为利来；天下攘攘，皆为利往"。在法家看来，趋利、利己是人之本性，民众追逐利益，就像水往低处流一样自然。因此，在进行管理时，"因任而授官，循名以责实"。也就是说，根据工作需要和任务内容，确定工作岗位，据此建立健全岗位责任说明，再把工作表现与"名"进行对照，实施奖励或是惩罚，这其实就是现代企业常用的绩效考核方法。

（三）以"术"为驭臣之具

"术"是指驾驭群臣、掌握政权、推行法令的策略和手段，主要用于察觉和防止犯上作乱，维护君主地位，乃治国之策。尽管法家之"术"在确保君主权威与国家秩序方面发挥了关键作用，然而亦存在其局限性。例如，若君主过度倚重"术"，则可能忽略道德与仁政之重要性，进而失去民众之支持。此外，法家之"术"常强调严刑峻法，此法虽短期内能有效遏制犯罪，但长期而言，可能导致社会普遍恐惧与不满，不利于社会和谐与稳定。因此，法家文化中的管理智慧并非完美无缺，它需要与其它治国理念相结合，如儒家的"德治"思想，以更好地服务于国家的长远发展。在现代管理实践中，我们可以借鉴法家"术"中关于制度建设与严格执行的方面，但同时亦应注重培养员工的道德素养与团队精神，以实现更为人性化与高效的管理。

【思考应用题】

1. 围绕案例，思考中国传统文化中的管理思想对现代企业管理思想的影响。

2. 对比儒家、道家、法家三家管理思想的异同，分别以儒家、道家和法家管理思想为主题，查阅资料，列举三家不同行业的典型企业，并根据具体情况分析该企业更适用于哪家管理思想，分组进行讨论，形成汇报材料。

案例6　商祖白圭的权变管理思想

【摘要】白圭，战国时期人，《汉书》中说他是经营贸易、发展生产理论的鼻祖，被尊称为"商祖"，在民间被称为"财神"。白圭在商业实践方面非常成功，其商业思想核心——"八字秘诀"（人弃我取，人取我与）和"四字箴言"（智、勇、仁、强），是现代管理学"权变思想"最早的萌芽。

【关键词】中国古代管理思想；白圭；权变管理思想

【适用课程】管理学；投资学；企业文化；战略管理

【教学功能】该案例链接管理学课程、企业文化课程、企业战略管理等课程中的权变管理理论相关知识，也涉及西方现代管理理论中系统与权变管理思想。根据权变学派的观点，管理技术与方法同环境因素之间存在一种函数关系，企业管理要随管理环境的变化而变化，这与中国古代思想家白圭的管理思想不谋而合。通过案例教学，学生能提高利用权变思维解决实践问题的意识和能力。

【思政目标】增强当代大学生的文化自信，增强学生的社会责任意识。

【案例正文】

一、白圭简介

白圭，战国时期人，名丹，字圭。据说曾在魏惠王初期担任魏国的相，后来魏国的政治日益腐败，白圭弃政从商，提出了一系列商业经营思想，对后世产生了极大影响。著名历史学家司马迁在《史记·货殖列传》里就高度评价白圭，称"天下言治生祖白圭也"。白圭的师父是战国时期大名鼎鼎的鬼谷子，相传鬼谷子得一"金书"，书中包含了各种致富之道，而后鬼谷子将此书传给了白圭，白圭正是凭此书成为富甲一方的大商人。白圭的经营管理思想对当今的管理者仍然具有指导意义。

二、白圭的主要经营管理思想

（一）"欲长钱，取下谷"的经营战略

白圭的出生地洛阳，自古商业就很发达。洛阳人善为商贾，致力于商业和手工业，追逐利润是洛阳人的传统。白圭才智出众，独具慧眼，他看到当时农业生产迅速发展，敏感地意识到农副产品的经营将会成为利润丰厚的行业，于是提出"欲长钱，取下谷"的经营战略。"下谷"等生活必需品，虽利润较低但消费弹性小、成交量大，以多取胜，一样可以获取大利。于是白圭选择了农产品、农村手工业原料和产品的大宗贸易为主要经营方向。

（二）"人弃我取，人取我与"经营理念

白圭有一套独到的经商术，他把自己的经营原则总结为"人弃我取,人取我与"八个字。具体做法是:在收获季节或丰年农民大量出售谷物时,适时购进谷物,再将丝绸、漆器等生活必需品卖给比较宽裕的农民;而在年景不好或是青黄不接时,适时出售粮食,同时购进滞销的手工业原料和产品。白圭所说的"与",是予人实惠。当某些商品积压滞销时,一些奸商会坐待价格贬得更低再大量购进,而白圭却用比别家高的价格来收购;等市场粮食匮乏时,奸商们又囤积居奇,白圭却以比别家低廉的价格销售,满足人民的需求。白圭的这种经营方法,既保证自己能够取得经营的主动权,获得丰厚利润,又在客观上调节了商品的供求和价格,一定程度上保护了农民、个体手工业者和一般消费者的利益。

(三)经管人才需要具备"智、仁、勇、强"的素质和能力

白圭的经管人才素质论,与现代管理者、领导者应具素质高度吻合。《管理学原理》中认为管理者、领导者要履行好自己的职责,运用好组织所赋予的职权,必须具有相应的素质,如品德、知识水平和能力。品德上,管理者应有强烈的管理意愿和责任感,还应有良好的精神素质,如宽容、分享、平和、担当、责任心、上进心、事业心等。知识上,管理者应有渊博的知识,不仅应具有政治、法律方面的知识,经济学和管理学知识,而且应具有人文社科和科学技术方面的知识。

白圭曾说:"吾治生产,犹伊尹、吕尚之谋,孙吴用兵,商鞅行法是也。是故其智不足与权变,勇不足以决断,仁不能以取予,强不能有所守,虽欲学吾术,终不告之矣。"[①] 白圭认为,一个优秀的商人,应当具有很高的文化程度和高尚的道德品质,要具备以下素养和能力:要通权变,能够权衡利弊,善于把握时机;要勇敢果断,当机立断;要有仁爱之心,能够明白取予的道理;还要有执着的性格和顽强的毅力。白圭是其所处行业最早收授门徒的人,他挑选徒弟标准非常严苛。他强调经营管理活动要善于根据环境的变化进行及时调整,一切要以时间、地

---

① 司马迁:《史记》,北京:中华书局2006年版,第752页。

点、条件为转移。在某种意义上可以说白圭是权变理论的始祖。

白圭自成体系的商业经营思想，也对后世产生了极大影响。明清最大的商帮——徽商还保留了许多白圭的遗风，近代著名的民族资本家荣宗敬、南洋最著名的华侨企业家陈嘉庚均奉行白圭"人弃我取，人取我与"的经营思想。

【思考应用题】

1. 谈谈白圭的权变管理思想与西方现代管理流派中权变管理流派的异同，并思考权变思想对现代管理者的启示。

2. 结合白圭的经营管理理念，思考如何对大学生涯进行管理规划。

案例7 "商圣"范蠡的管理思想

【摘要】商业是春秋时期社会的贱业，但道家认为"贵以贱为本"。一代奇人范蠡秉持圣人"不耻身之贱，而愧道之不行，不忧命之短，而忧百姓之穷"的价值观，在世俗认为卑贱的经商征程中证明了自己的高贵，成为受人敬仰的"商圣"。不论是中国还是西方国家，普通人的经济行为都是为了逐利，而范蠡的经济活动超越了普通人的经济伦理价值观。范蠡从事经济活动重农不抑末、农末俱利，采取平粜齐物、务完物、无息币的经营方法，与时逐利、善择其地，坚持以德立商、济世救民，实现了其"富天下，利天下"的宏大志愿。另外，范蠡的经济伦理思想体现了其经世济民的伟大情怀。他的人生之路和经商之道，是现代经管类专业学生学习和研究的典范。

【关键词】范蠡；经济伦理思想；"以德立商、经世济民"

【适用课程】管理学；经济学；市场营销学；企业管理

【教学功能】本案例主要涉及中国传统管理思想，管理者道德和社会责任，以及管理分析的技术与方法。管理者在进行管理时基于何种管理道德，又如何良好履行社会责任，会深度影响到组织协调运转。通过本案例，学生们可以感受中国传统文化中的管理智慧，感悟优秀管理者应具备的企业家精神，了解相应的管理方法与工具。

【思政目标】增强当代大学生的文化自信，提升当代大学生的社会责任意识，弘扬企业家精神。

【案例正文】

一、范蠡生平

范蠡（公元前536—公元前448），字少伯，华夏族，楚国宛地三户（今南阳市淅川县滔河乡）人。春秋末期政治家、军事家、谋略家、经济学家和道家学者，越国相国、上将军。曾献策扶助越王勾践复国，兴越灭吴，后隐去。著有《陶朱公生意经》《卢氏本草经》《计然篇》等。范蠡为中国早期商业理论家，楚学开拓者之一，被后人尊称为"商圣"，是"南阳五圣"之一。范蠡出身贫贱，但努力向学，博学多才、文武双全。

公元前516年，文种被委派担任楚国宛邑的县长，范蠡迎来了人生机遇。文种是一位智谋超凡、心怀远志的政治家，亲自登门拜会范蠡，对范蠡以礼交之，赢得范蠡信任，二人成为知己至交。公元前511年，范蠡邀文种入越。公元前493年，勾践闻吴王夫差日夜勒兵，且以报越，越欲先吴未发往伐之。范蠡进谏，范蠡谏曰："不可。臣闻兵者凶器也，战者逆德也，争者事之末也。阴谋逆德，好用凶器，试身于所末，上帝禁之，行者不利。"① 越王不听范蠡谏言，兵败于会稽山。之后，越王开始重用范蠡、文种。公元前493年，勾践、范蠡君臣入吴为奴三年。

范蠡在越尽心辅助越王勾践，帮助勾践最终完成"兴越灭吴"的霸业，成就了自己的政治抱负。破吴后，勾践举行庆功宴，宴会上演奏

---

① 司马迁：《史记》，北京：中华书局2006年版，第272页。

的《表功曲》出现赞美范蠡和文种之词,群臣欢声笑语,唯独勾践落寞不欢,范蠡立刻明白自己功高盖主了。老师计然多年前曾忠告范蠡,"越王为人鸟喙,不可与同利也"。范蠡当即辞去职务,随后远走隐退,开始从事当时社会的贱业——经商,成为商界传奇。

二、范蠡经济管理思想的渊源

(一) 老子思想

范蠡的经济管理思想是老子思想在经济管理领域的应用,这与范蠡的恩师计然相关。计然在中国传统经济学思想方面独树一帜,是中国古代著名经济学家,也是先秦诸子百家中"计然家"的代表。计然云游到楚国宛时,范蠡拜其为师,学习道家思想和经济知识。计然是老子道学思想的主要传人,得到老子真传,是老子弟子中成就最高的一位。计然的经济学思想是以道家视野处理国家层面的经济发展问题,旨在实现"上富其国,下富其家,内正其身,外治天下"。范蠡离越归隐民间之前,向越王表达自己要使天下万民共富的宏图之志,这正是对计然经济价值观的继承。

老子曾说:"道生一,一生二,二生三,三生万物。"范蠡开展经济活动时注重尊重自然规律,了解天时变化,践行道家阴阳平衡,如坚持农末俱利,根据市场需求决定价格原理贱买贵出等。范蠡重生、尊生,以百姓利益为中心,富民让利;主张经济活动以天下为公为基本前提。《史记·货殖列传》记载,计然传授范蠡经世济民之道——"计然七策",范蠡只用了五策就使越国称霸。范蠡从政和经商用的都是计然之策,不仅传承了"道"的思想和精神,而且将其融入自己从事的经济活动中,实现了"富天下,利天下"的宏图伟业。

(二) 楚地经济文化

楚国是春秋五霸之一,在诸侯国中地位显耀,楚人还创造了光辉灿烂的楚地经济文化,范蠡的思想也深受楚文化影响。《史记·楚世家》

记载：彭祖是楚人先祖，楚人谨记彭祖善德教导。彭祖曾经告诫后人要处理好君臣、父子、兄弟、夫妇、朋友之间的关系，这五种关系和谐了，即使遭遇贫穷也能安然度过。据史料记载：楚国有个善于相面的人，他告诉楚庄王自己并不能给人看相，而只是善于观察人。比如，普通百姓，如果都以孝悌为先，敬畏君王，不交奸佞之徒，那他们的家庭会日益富裕，自身也会日益荣耀。此外，他还讲述了如何用同样的道理分析君主和臣子。楚庄王认为他言之有理，于是大力招揽、任用贤达人士，最终称霸于天下。范蠡是楚国宛人，其经济文化思想是在楚文化浸润下形成的。

三、范蠡的管理思想

（一）倡导农末俱利，调控物价

春秋时期，社会的主流思想是重农轻末，在国家政策上，多采取重农抑商政策，而范蠡则看到商业对经济发展的巨大作用，认为应农末俱利，农业与商业并重。

在范蠡"农末俱利"思想的影响及文种等人的努力下，越国的商业获得了巨大发展。据《越绝书》记载，越国有纺织业、冶铸业、造船业、养殖业、采伐业、盐业，商品主要有粮食、船舶、麻、木材、葛制品等，部分行业已经实现规模化经营。

范蠡还制定了宏观调控市场的政策。据《史记·货殖列传》记载："夫粜，二十病农，九十病末。末病则财不出，农病则草不辟矣。上不过八十，下不减三十，则农末俱利，平粜齐物，关市不乏，治国之道也。"① 意思是：谷价二十伤害农民的利益，谷价九十伤害商贾的利益；谷价太低农民不愿耕种土地，谷价太高会挫伤商人买卖粮食的积极性，不利于社会经济的良性发展。应将谷物的价格控制在三十到八十之间，这样农民和商人都能获利。范蠡还提出，不能放任谷物价格任意波动，

---

① 司马迁：《史记》，北京：中华书局2006年版，第752页。

政府应进行宏观调控,将谷物价格控制在合理区间,这样才能保护农民种粮和商人流通粮食的积极性。但是范蠡不赞成由政府采取强制行政命令限价,而是提倡用"平粜齐物"① 手段进行调控,使粮价在合理区间波动。他懂得市场价格的起伏受供求关系的影响,提出物价贵时,要立即抛售,如丢弃粪土一样毫不吝惜;物价低时,要如拾取珠玉一样,立即买进。他开创了尊重价值规律之先河,提出"物价贵贱随供求关系变化"的理论。其"重农不抑末,农末俱利,平粜齐物"的经济思想利国利民,并且这一经济思想是先进的,是超越时代的。

(二)贱入贵出,与时逐利

范蠡要求人们根据市场行情提前预判价格起伏,及时做好"贱入贵出",与时逐利。《史记·越王勾践世家》记载:"与时逐而不责于人。故善治生者,能择人而任时。后年衰老而听子孙,子孙修业而息之,遂至巨万。故言富者皆称陶朱公。"② 旱时,就要备船以待涝;涝时,就要备车以待旱,这样做符合事物发展的规律。还约定好父子都要耕种畜牧,买进卖出时都等待时机,以获得十分之一的利润。范蠡在经济活动中通过货物供求关系的变化预测市场价格,随机应变,与时逐利,把握时机,赚取合理的利润。

(三)选择创业地时看重营商环境

范蠡把老子的"天人合一"思想融入经商之道,非常重视经营场所的自然、人文和社会、经济环境。范蠡创业的第一站是齐国,因为那里有比较优越的营商环境。

自姜太公吕尚辅佐周文王、周武王兴周灭商开始,齐国就将"通商工之业,便鱼盐之利"作为发展经济的重要手段。据史料记载,太

---

① "平粜"即平价出售,"齐物"即调整物价。即当市场谷价太低时,政府就以高出市场的价格收购;当市场谷价太高时,政府就以低于市场的价格抛粮,以贵卖贱买的方式实现"平抑物价",这样可使农末俱利,并且能培育出物流畅通的商品粮市场,国家在经济活动中也能获利。"平粜齐物"繁荣了越国经济,提高了其综合国力。

② 司马迁:《史记》,北京:中华书局2006年版,第752页。

公到齐国后，修明政事，顺其风俗，简化礼仪，开放工商之业，发展渔业、盐业优势，因而人民多归附齐国，齐成为大国，并奠定了齐国工商业发展的基础。帮助齐桓公称霸的管仲进一步提出：一个国家要兴旺发达，首先要富民。如何富民？管仲认为"务本饬末，财富"。管仲治理齐国时，继承了齐太公的治齐方略，重农不抑末，依照农末俱利原则制定经济政策。在管仲的治理下，齐国经济发达，称霸中原。此外，管仲还推出招商引资的优惠政策，给赴齐通商的商人免费提供食宿和税费优惠。姜太公和管仲倡导农末协调发展，开创了齐国以商富民兴国的传统，形成了重视工商业的社会环境。范蠡敏锐地察觉到齐国具有适宜商业发展的环境，审时度势，选择将齐地作为创业的首站。

范蠡带领家人和随从抵达齐国后，种麻养蚕，经营布帛鱼盐等手工业，终治家产数千万，取得第一次创业的成功。齐人闻之，知其乃贤人，齐君主甚至拜范蠡为相。三年后范蠡喟然叹曰："居家则致千金，居官则至卿相，此布衣之极也。久受尊名，不祥。"（《史记·越王勾践世家》）① 于是，范蠡归还齐国相印，发散了自己的全部家产，送给知音好友、同乡邻里，偷偷地从小路离去，到陶地住下来……此后他自称为陶朱公。

范蠡第二次创业选择陶地，也因陶地交通便利，为天下货物流通的枢纽，可通各诸侯国，且具有充足的货源、客源，为经商最佳环境。所以范蠡择善而居陶地，率领家人第二次成功创业，再次成为首富。

（四）重视商品和资金的流动管理

据《史记·货殖列传》记载："积著之理，务完物，无息币。以物相贸，易腐败而食之货勿留，无敢居贵。"② "积著之理"是指从事经济活动的原则。"务完物"是指务必注意商品完好无损。"无息币"是指不要积压货物和资金。范蠡坚持积贮货物要保证货物质量，加速商品和

---

① 司马迁：《史记》，北京：中华书局2006年版，第275页。
② 司马迁：《史记》，北京：中华书局2006年版，第752页。

资金流动,让财币在快速流通中增值。"无敢居贵"是指不能盲目等待高价、追求高利润,只要抓住商机就应当果断出售,薄利多销。这样既能加速财货周转,又能赢得顾客,获得财富。

(五)德贯其行,以德立商

范蠡在经济活动中重视"遵道贵德",并德贯其行。范蠡坚持保证货物质量,毫无保留地把货物的优势和缺点告知中间商,让他们能根据货物实际品质情况合理定价出售。

此外,范蠡为了保证农民和商人都能获利,与他们签订保价协议:到约定收货时间,如果市场价格高于议定协议的价格,就以市场价格收购;如果约定收货时间的市场价格低于议定协议的价格,就以协议价格收购。范蠡遵循"货真价实""无敢居贵"的经济原则,既能使自己获利,又兼顾了社会正义。

范蠡重视信用在当时被传为美谈。范蠡在齐国创业时资金短缺,向别人借了十万钱,后该债主如约来催款,但不幸把借据毁于路途中,范蠡在无借据的情况下还清本息。自此,范蠡的"信义"之美名名扬天下,其无论何时出现资金周转问题,都有人主动送款上门,帮助他渡过难关。

(六)富行其德,经世济民

范蠡之志不仅在于辅助越王称霸,还在于天下万民共富。范蠡经商成为天下首富后,并没有让自己安享荣华富贵,而是富行其德、济世救民。史料记载,范蠡有一弟子名曰猗顿,是鲁国一位穷书生,无论耕种还是桑蚕都满足不了温饱,一直在寻找发家致富之道。后猗顿去向范蠡请教致富方法,范蠡就根据猗顿既无经商经验又无资本的实际情况,指导猗顿曰:"子欲速富,当畜五牸。"范蠡还传授猗顿饲养牛羊等牲畜的方法和经验,猗顿听从教导,勤奋努力,很快脱贫致富。猗顿后又从事盐运、珠宝等手工行业,仅用十年就富甲一方。

范蠡到达无锡时,为改变这里的贫穷状况,传授当地百姓养鱼和加工竹子的方法。此外，他兴修水利，促进农业发展，使这里很快发展为鱼米之乡。无锡地区流传的民谣："种竹养鱼千倍利，感谢西施和范蠡。"范蠡还毫无保留地将致富经验和方法整理成《陶朱公生意经》，广传天下，真正实现辞别越王勾践时许下的宏大愿望："不贪天下之财，而天下共富之。"

范蠡艰苦创业的19年中三致千金，又能视钱财如粪土，三次散尽钱财扶危济困，成为经世济民的典范。

【思考应用题】

范蠡的经济活动以天下共富的伦理道德为基础，是"中国人对世界经济伦理的卓越贡献"。即便在今天，范蠡的思想也极具生命力，闪烁着智慧之光，"是一种利国利民的经世法宝"。请围绕范蠡的经济伦理思想，举一反三，列举当前与经济管理相关的热点问题，分析其背后的经济伦理，提出解决思路。

案例8 张元济的"教育救国"思想与商务印书馆的企业精神

【摘要】20世纪初，中国还处在被列强奴役时期，社会封闭，文化落后，国民观念守旧。张元济目睹国家受帝国主义的欺辱，立下救国的志向。他早年中进士，点翰林，激于时势，抨击时弊，参与戊戌变法，维新失败后被革职。1901年，张元济加入商务印书馆，历任编译所所长、经理、监理、董事长等职。他主张教育救国，启迪民智，苦心孤诣，矢志不渝。在他的主持和管理下，商务印书馆由一个名不见经传的印刷所发展成为中国近现代史上影响较大的现代出版机构。张元济是中国近现代出版业的奠基人，他秉承旧式学人特有的出版精神，以推动国民教育为己任，实现富国安邦，为中华民族的发展和进步作出了积极贡献，在中国出版事业和文化事业上都具有不可磨灭的历史地位。

【关键词】张元济；教育救国；实业救国；企业精神；教育实践

【适用课程】管理学；企业文化；企业管理；组织行为学

【教学功能】本案例主要涉及企业家精神、管理者技能、现代管理理论中的权变管理理论。通过本案例学习，学生可以具象化了解管理者应具备的基本素养，感悟现代企业管理理论对于我国古代管理思想的继承和发扬。

【思政目标】培植学生继承和发扬优秀传统文化的意识和责任感，推动学生立报国志、践爱国行，引导学生树立脚踏实地、勤奋进取的职业观和劳动观，弘扬以张元济为代表的优秀企业家精神。

【案例正文】

一、张元济简介

张元济（1867—1959），男，字筱斋，号菊生，中国杰出的出版家、教育家、爱国实业家。张元济出身名门望族，籍贯为浙江海盐，生于广东，书香世家，1892年中进士，入翰林院任庶吉士。

中日甲午战争中国战败的结局对中国思想界和文化界产生了巨大影响，不但彻底摧垮了当时中国知识分子在中日两国文明源流关系的心理优势，也彻底激起了新式知识分子向西方学习以图自振的决心。张元济在戊戌变法期间拥护变法主张，积极参加变法运动。在教育改革的实践中，他的教育救国思想逐步成形。1896年，张元济和陈昭常等人创办教授西学的通艺学堂。

1898年冬，张元济出任南洋公学（今上海交通大学）管理译书院事务兼总校，关注译书的选题意义，改译兵书为译社科书籍。1901年，他以"辅助教育为己任"，投资商务印书馆，并主持该馆编译工作。在他主持商务印书馆时期，商务印书馆从一个印书作坊发展成为中国近代史上最具影响力的出版企业。其组织编写的新式教科书风行全国，在中国近现代教育史上具有开创性的意义；推出严复翻译的《天演论》、林纾翻译的《茶花女》等大批对后世产生了广泛深远影响的名著；主持影印《四部丛刊》、校印《百衲本二十四史》以及创建东方图书馆，对保存民族文化都有很大的贡献。张元济著有《校史随笔》《中华民族的人格》等。

二、商务印书馆的企业文化和出版方针

近代时期商务印书馆能长期执出版界之牛耳的独特优势，就是以夏瑞芳、张元济、王云五等为核心的领导集体构建的以"扶助教育"为核心的企业精神。甲午之战后，教育救国思想在全国上下得到普遍关注和广泛认可。例如，光绪二十七年（1901），时任山东巡抚的袁世凯在奏折中写道，"诚以人才者，立国之本，而学校者，又人才所从之途也。以今日世变之殷，时艰之亟，将欲得人以佐治，必须兴学以培才"①，拟建山东大学堂。继袁世凯之后，江苏、浙江、河南等巡抚纷纷上疏表示要设学堂，兴教育。新式学堂的兴办并非易事，不仅需要财政支撑，还需要教科书、教师等必要支持。

1897 年商务印书馆的创立是中国出版业走向近代化的里程碑。它是由夏瑞芳与鲍咸昌、鲍咸恩等合资，投入 3750 元创办的。他们虽不是教育救国思想倡导者，但均认同和支持张元济把商务印书馆的经营宗旨确定为"以扶助教育为己任"。张元济曾作诗表达这一思想："昌明教育平生愿，故向书林努力来。"在张元济的引领下，"辅助教育""促进文化"成为商务印书馆的基本出版方针。

【思考应用题】

围绕张元济的"吾辈当以扶助教育为己任"，思考新时代青年企业家应当肩负什么样的使命和担当。

---

① 魏海政：《为天下储人才为国家图富强》，https：//www.media.sdu.edu.cn/info/1002/9048.htm（访问时间：2018 年 9 月 17 日）。

案例 9 "华侨旗帜、民族光辉"——陈嘉庚

【摘要】改革开放以来,有关陈嘉庚先生的生平事迹、教育理念、爱国思想等方面研究成果丰硕。习近平总书记指出,陈嘉庚先生"爱国兴学,投身救亡斗争,推动华侨团结,争取民族解放,是侨界的一代领袖和楷模"。[①] 陈嘉庚一生经历辉煌,早年远渡南洋,兴办实业;回国兴资办学,直至罄其所有;支持民族独立和解放运动,积极参与政治,为新中国建设建言献策。艰苦创业、倾资兴学、忠贞爱国是其人生主题,他所立之"德""功""言"皆垂青史、泽被后人。他一生涉足经济、政治、文化、社会诸领域,其商业历程、兴学动机、家国情怀、革新思想等值得深入研究。

【关键词】陈嘉庚;企业家精神;公私;实业兴国;革新

【适用课程】管理学;企业文化;企业管理;行为管理学

【教学功能】本案例主要涉及企业家精神、管理者素质与技能、当代管理理论中新制度学派管理理论等知识点。通过本案例学习,学生可以具象化了解管理者应具备的基本素养,理解制度环境对于组织管理决策的影响,感悟当代管理理论对于我国古代管理思想的继承和发扬。

【思政目标】弘扬以陈嘉庚为代表的爱国企业家精神,增强学生的家国情怀和社会责任感,引导学生立报国志、践爱国行。

【案例正文】

陈嘉庚(1874—1961),爱国华侨领袖,我国杰出的企业家、教育事业家、社会活动家,福建省泉州府同安县集美社(今厦门市集美区)人。陈嘉庚生逢国难深重的年代,热切期盼祖国的富强,怀抱"教育

---

① 林东霞、李冰洋、陈俊林:《音容犹在精神永存——深切缅怀陈嘉庚先生》,https://www.cnr.cn/fj/wh/20210813t20210813_525562914.shtml(访问时间:2021年8月13日)。

为立国之本，兴学乃国民天职"的坚定信念，义无反顾地投身"兴学育才"大业。1894年，20岁的陈嘉庚出资2000银元在家乡集美创办了"惕斋学塾"。之后创建了包括幼稚园、小学、中学、女子师范、幼稚师范、水产、商科、农林部、国学部等完整教育体系的集美学村。20世纪30年代的集美学校被誉为"闽南教育之中心""东南文化之中枢"。

1921年，陈嘉庚创办厦门大学。厦门大学是当时全国院系最齐全的大学之一，被誉为"南方之强"。在全球经济危机期间，陈嘉庚公司濒临绝境，面临办企业与办学必须舍弃其一的两难抉择。他不惜放弃巨额资产，在荆棘载途的办学之路上继续前行。据统计，陈嘉庚一生在国内外创办和资助的学校近120所。

身处南洋，心系故土，陈嘉庚时刻关注祖国命运。1910年，陈嘉庚加入中国同盟会新加坡分会，积极支持国内革命运动。1911年，陈嘉庚当选新加坡福建保安捐款委员会主席，领导闽侨积极筹款支持福建革命政府。1923年，陈嘉庚创办《南洋商报》，号召抵制日货，从此开始抗日救国活动。1937年全面抗战爆发后，陈嘉庚成立"新加坡筹赈会"。翌年10月，陈嘉庚在"南洋华侨筹赈祖国难民总会"成立大会上被推举为主席。"南侨总会"以财力、物力、人力全力支援祖国抗战。1937年至1941年，南洋华侨累计义捐5亿国币，认购的2.5亿救国公债全部捐献祖国。

1938年底广州沦陷后，抗战物资囤积香港，需要紧急从西南滇缅通道运往前线。1939年2月，"南侨总会"发出通告《征募汽车机修、司机人员回国服务》，陈嘉庚亲自接见回国服务的80名机工。3200多名华侨司机和汽车修理工，克服种种困难，日夜驰骋，运送军需物资450万吨。艰险的滇缅公路成为西南边陲抗战救国的生命线，1000多名南侨机工长眠于此。

1949年新中国成立后，陈嘉庚应邀回国参政，为新中国的建设和发展建言献策，直至1961年8月逝世。2009年，陈嘉庚入选"100位为新中国成立作出突出贡献的英雄模范人物"。2014年，习近平总书记在给集美校友会的回信中评价陈嘉庚："他爱国兴学，投身救亡斗争，推动华侨团结，争取民族解放，是侨界的一代领袖和楷模。他艰苦创业、自强不息的精神，以国家为重、以民族为重的品格，关心祖国建设、倾心教育事业的诚心，永远值得学习。"[①]

【思考应用题】

围绕陈嘉庚艰苦创业、倾资兴学、忠贞爱国的企业家精神，列举一位当前我国本土企业家，阐述优秀企业家的共同特征。

案例10 "玻璃大王"曹德旺的"佛学"管理思想

【摘要】作为中国最成功的企业家之一，曹德旺的名字可谓家喻户晓。有人甚至认为，中国只有两个人可称得上是（民营）企业家，一个是曹德旺，另一个是任正非。这话虽有失公允，但足以说明人们对这两位年过古稀、历经沧桑、成就傲人的企业家的尊敬和认可。本案例通过对曹德旺童年、青年、创业等不同人生阶段的记述，再现曹德旺走过的不寻常之路，并试图探寻中国企业家的精神内核与责任担当。

【关键词】企业家精神；管理思想；企业道德观与社会责任；佛学思想

【适用课程】管理学；企业文化；跨国公司管理

【教学功能】本案例主要涉及当代管理思想及哲学管理理念。通过本案例，学生们可感受优秀企业家应具备的基本素养，感悟中国传统文化中的管理思想精华。

---

① 林东霞、李冰洋、陈俊林：《音容犹在精神永存——深切缅怀陈嘉庚先生》，https://www.cnr.cn/fj/wh/20210813t20210813_ 525562914.shtml（访问时间：2021年8月13日）。

【思政目标】 弘扬曹德旺的企业家精神、工匠精神,增强大学生的文化自信、民族自豪感和责任意识。

【案例正文】

曹德旺拥有千万追随者,他的正能量形象,影响和激励着无数创业者和滚滚后浪。但提起曹德旺创建的福耀集团,大多数人却并不了解。一组简单的数据,可以说明福耀集团强大的市场份额:在中国,每生产两辆汽车,至少有一辆用的是福耀玻璃;在全球,每四辆汽车中就有一辆用的是福耀玻璃。① 曹德旺不仅是一位出色的企业家,还是一位著名的慈善家。他身家千亿,但在福布斯中国富豪榜前100名里竟找不到他的名字,是实至名归的"慈善企业家"。

一、起点:"小印度"的生意经

曹德旺祖籍福建,1946年出生在上海租界。当时,租界里有很多印度巡捕,他和周围的孩子一样,常打扮成巡捕的模样,大家都叫他"小印度"。9岁那年,长辈福伯给他取名"德旺",寓意"聪明有德,必然兴旺"。曹德旺的父亲是上海永安百货的股东,开过夜总会,去过日本经商。在晚上,父亲常常喝着小酒,向小德旺讲述他的生意经。就这样,经商的理念潜移默化,在曹德旺的心里播下种子。父亲曾经回忆在日本当学徒的经历时说:"三年出师后,我才知道日本老板的用心良苦。他第一年是练我身骨,第二年教我吃苦,第三年才授我真技。"② 就像习武之人挑菜担水一样,是让父亲练好身板,扎好"马步",从基础开始一步一步积累经验。1947年,曹父满载所有家产,从上海回福清,结果货船遭遇风暴沉没,原本富裕的曹家,几乎一贫如洗。家庭的变故,加上顽皮,曹德旺初一没念完就辍学跟着父亲做生意。曹德旺跟着父亲卖过香烟、贩过水果,每天他都要早早起床,去很远的地方进

---

① 《全球市场份额24%,新能源汽车+光伏玻璃两大赛道,福耀玻璃的逻辑已变》,https://www.sohu.com/a/467769560_120717274(访问时间:2021年5月21日)。
② 曹德旺:《心若菩提》,北京:人民出版社2015年版,第6页。

货,父亲负责销售。

在做水果生意时,少年曹德旺每天凌晨两点钟起床,从高山镇骑四个小时的单车到福清市。清晨六点果市开业,他挑选、收购几百斤最好的水果,装好车,然后挥汗如雨地蹬车往回赶。下午五点左右回到高山镇把水果批发给商贩,回到家已经是晚上八九点。这些辛苦又辛酸的经历练就了他勤劳坚韧的性格,也帮助他积累了经商的经验。

在卖白木耳时,别人在福建种卖,曹德旺却跑到江西考察,发现白木耳在江西卖得比福建贵很多。然后他低买高卖,一次就净赚数千元。

在农场当销售员卖树苗时,曹德旺自己不卖,而是和村民商定,卖一棵树苗他拿20%,村民拿80%。他把销售对象变成了生意合作伙伴,让整个村帮他卖树苗。

30岁的曹德旺,把一切可能的生意都做过了。这些都是为生存而打拼的小生意,也是他日后成功创业的起点。

二、创业:做中国人自己的汽车玻璃

一个偶然的机会,曹德旺发现了汽车玻璃的市场前景。1983年,40岁的曹德旺承包了濒临倒闭的高山镇异型玻璃厂。次年6月,曹德旺去南平出差,在景区旅游纪念品市场给母亲买了一根拐杖。带上车时,司机提醒他小心点,"别碰着玻璃,一块玻璃要几千块钱呢"。曹德旺不信,什么玻璃那么贵?回来后,他特意去汽车修理店询价,结果令他大吃一惊,马自达汽车的一块前挡玻璃就要6000元,如加急则需要8000元。经过调查得知,因为中国没有自己的汽车玻璃制造企业,市场被日本垄断,所以才会这么贵。

"没有人做,我来做,我要为中国做一块自己的汽车玻璃,让所有的中国人都能用上,用得开心,用得安心。"[①] 于是,带着福建商人敢闯敢拼的劲头,曹德旺一头扎进了汽车玻璃领域。

---

① 曹德旺:《心若菩提》,北京:人民出版社2015年版,第96页。

他带队到玻璃制造设备最先进的芬兰学技术，购进了一套当时国内没有的先进设备；回国后，调试机器、培训人才，生产出了属于自己的第一块汽车玻璃，打破了日本对中国汽车玻璃行业的垄断。至1986年年底，高山玻璃厂产值596万元，获税利101万元。同时，汽车钢化玻璃系列产品生产规模得到扩大，主要产品达到国内先进水平，被中汽公司定为全国进口汽车修配定点供应单位。

做生意这件事，保持有舍有得的心态已经很难了，怀揣和坚持信念更难。在公司做大做强的过程中，不少人建议曹德旺拓展其他领域，但他不炒股、不买矿、不投资房地产，把全部的精力和心血，都倾注在了汽车玻璃上。1987年7月，曹德旺创立的中外合资福建耀华玻璃工业有限公司成立，1993年正式上市，取名福耀玻璃。

曹德旺曾说："那时时兴IT，股票触网即暴涨。也有人劝我：'你做维修玻璃市场，如果在中国开几百家维修店，就占领了维修市场，福耀将如虎添翼。'我却不这么认为。因为我已经清醒，决定选择制造汽车玻璃作为我的主业，并为之奋斗终身。"①

2008年金融危机爆发，曹德旺敏锐地断臂止损。企业虽损失22亿元，但却保住了福耀的根基。后来曹德旺决定在美国投资6亿元建厂，启动在美国的汽车玻璃项目。由奥巴马夫妇和美国奈飞公司（Netflix）联合出品的纪录片《美国工厂》，讲述的就是曹德旺远赴美国办厂的故事，福耀玻璃被展现在全世界面前。

曹德旺选择去美国开工厂的原因很实在。一是客户要求，美国的客户要求在美国建厂，否则不用福耀的汽车玻璃。二是成本问题，福耀玻璃要用天然气，美国天然气的价格是中国的四分之一。此外美国实施了"制造业回流"计划，在那里开厂，土地和厂房是不花钱的。

如今的福耀玻璃，囊括了全球排名前二十的汽车厂商，特斯拉、路虎、劳斯莱斯、比亚迪都在用福耀玻璃。在福耀玻璃即将成为行业代名

---

① 曹德旺：《心若菩提》，北京：人民出版社2015年版，第206页。

词时，曹德旺果断放弃了美国绿卡，拖家带口回到了中国。

福耀玻璃一直保持着15%的利润率。有人问曹德旺，这些利润为啥不拿去投资，不进军新能源汽车领域？曹德旺说："我的利润只拿来分红。我不做汽车，只服务汽车。"①

三、用佛教文化塑造品牌

福耀集团能够常青不倒，靠的是品牌。品牌是怎么做成的？2012年4月26日，曹德旺在北京大学光华管理学院发表演讲时谈道②：

> 我是很虔诚的佛教徒。回顾从业一生，很自豪的是，在现有政策环境下，我把企业做得很强大，变成国际知名品牌，而且我没有敷衍了事，该尽的职责都尽了，我会履行公民职责。怎么做？我以佛祖的"六度"作为自己的行为指南，当然作为企业家，我很粗浅，但我把佛家的"六度"用在了企业品牌的塑造上。我是这样做的：
>
> 一是布施。布施有三类，财施、法施和无畏施。按照佛祖的理论，财施是最小的，没有功德，有钱人以财物于人，佛祖还建议财施最好隐性布施，就是做好事不要留名，让人知道了不好，就没有功德了。我最初经营福耀玻璃的时候，不是为了钱，当初看日本在中国卖玻璃，去研究发现大厂不去做，小厂做不来，我认为我很有才华，而且有社会基础，可以做得来。那时我刚刚知道法施，找人帮我，为中国人做一块玻璃。在做的过程中，因为佛门提倡众生平等、心怀慈悲、谦虚诚实、尊重他人、上下一致，这都是在慈善范围内，在慈悲的布施范

---

① 曹德旺：《我用"四品六度"塑造品牌》，https://caijing.chinadaily.com.cn/2012-05/24/content_15375537.htm（访问时间：2012年5月24日）。

② 曹德旺：《我用"四品六度"塑造品牌》，https://caijing.chinadaily.com.cn/2012-05/24/content_15375537.htm（访问时间：2012年5月24日）。

畴。我常跟员工开玩笑说我看胡锦涛颁发的文件和看贫困地区向我求助的信件一样认真，而且我真正兑现去这句话。

二是持戒。佛家的戒相当于儒家的礼，佛门要求遵守法律法规的同时，个人要戒贪、戒痴、戒嗔、戒赌、戒色。我很自豪地说，我不做这些事情，我不会赌钱，我也不贪，我坚定地去做该做的事情。总结自己，刚刚走向社会做汽车玻璃时，是从无为向有为过渡；学会有为后，我知道还应该有所为有所不为。为了这一块玻璃，我向中国承诺，对我的员工承诺，我们要为中国人去做一块玻璃，让所有中国人能用上我们的玻璃，不管他是达官显贵，还是平民百姓，一定要让他用得放心。这一块玻璃能代表着中国人的形象，在国际上跟人交流，洋人能够做到的，我们也应该做到。我们就本着这个理念来做。在持戒上我还有一个心得。佛教的观点是对自己要严，我们的管理制度非常严格，我和我的员工说"我爱你"，因为我不想你犯错误。我的管理制度是相互制衡的，我制度不严，你顺手拿走了东西，到时候我怎么处理？开除你，我损失一员大将；不开除你，破坏了我的规章制度。因此，我们要求管理层在管理制度上必须严谨，既控制了别人，又防止了不好的事情发生。

第三是忍辱。我不怕吃亏，反正我能做自己想做的事情，没有本钱也不必要去做，不批准也无所谓，我能用这种心态应对一切。

第四是精进。生命不息，奋斗不止。精进就是精益求精，要持续创新。福耀最早引进中国第一条汽车玻璃生产线，当初我们提出，引进设备要消化技术，在消化技术的基础上，我们还必须要有自己改进创新的技术，必须要有自己的制造能力。福耀今天成为全球第一大汽车玻璃工厂，如果自己不会做设备，就没有这么强的竞争力。

第五是禅定，淡泊名利。我在全国已建好的工厂有七八百万平方米，我向社会承诺，向我的股东承诺，我只做汽车玻璃。我做事情会从企业角度评估可不可以做，怎么做；但个人问题我会随遇而安，不会计较。

第六是智慧。智慧跟聪明有差别。2008年金融危机之前，我每天早上上班坐在汽车上听新闻，从国际贸易摩擦不断上升，到中央政府环保、交通新法规出台，再到人民币汇率浮动，我们会根据这些做测算，我们做了多少，其他企业做了多少，交通法实施会有多少影响。通过这些现象测算，2007年我们把各子公司总经理调回来，采取了几个措施：清理在建项目，已经开工正在建设的抓紧完工；促进现金回流，当时我们现金流负债率达67%，我们提出两年把负债率降下来；根据测算，危机来的时候，不应该让政府救，我们展开了一场自救运动，关闭预期会亏损的企业，因此在2008年中国经济最火的时候我关掉了四条生产线，损失了十几亿。很多人不理解，说这个动作太大，我说拿十几亿还亏得起，等你开始亏的时候就亏不起了，这是智慧。通过这些努力，福耀品牌建立起来了，去年净资产收益率达到35%，位居中国第一，就是因为我的政策实施有效。负债率降下来的时候让财务成本大幅下降，配合整个自救政策的实施，这就是有智慧、最聪明、最理性的做法。

四、传奇：捐款100亿元建公立大学

曹德旺的父亲曾经给曹德旺讲过一个故事，是某次有陌生人向曹父借钱，曹德旺的舅公说，钱借给别人就等于丢了，什么时候还给你就相当于捡了钱，自己先掂量一下是否丢得起钱，丢得起就借，那也就不要在乎别人是否还得起钱。这个故事深深影响了曹德旺的金钱观和慈善观。

虽作为身家千亿的"玻璃大王"，但福布斯中国富豪榜前100名并

没有曹德旺的名字，因为他把赚来的大部分钱都捐出去了。他是胡润慈善榜上的"中国首善"，不仅突破法律空白创立了股权捐赠模式，还开创了公益问责的先河，发起成立个人基金会，多次跻身中国慈善家榜。1983年至今，曹德旺个人累计捐款近160亿元。2008年汶川地震，曹德旺捐赠2000万元；2010年玉树地震，曹德旺捐款1亿元；2020年疫情防控期间，他为湖北省捐赠了价值242万元的防疫物资；捐赠4000万元给家乡福州，助力当地小微企业发展；2021年河南汛情，他捐赠1亿元支援河南。

曹德旺说过："企业家必须有这样的境界和胸怀，国家会因为有你而强大，社会会因为有你而进步，人民会因为有你而富足。这就是企业应该做的事情，选择移民的都不是企业家，他们是小老板，真正的企业家一定要有抱负。我的根在中国，我必须坚守中国人这个底线。"①

2021年4月，曹德旺以41亿美元的财富位列"2021福布斯全球亿万富豪榜"第705名。5月4日，曹德旺宣布出资100亿元建一所公立大学，专门研发、攻克国家被外国"卡脖子"的各种困难领域，为国家培养真正能够打破外国垄断领域的顶尖人才，这将成为中国近现代教育史上第二所由个人捐资建立的民办大学。

【思考应用题】

1. 围绕曹德旺的佛学管理思想和企业家精神，思考新时代青年企业家应当肩负什么样的使命和担当。

2. 曹德旺选择将佛学管理思想融入企业管理，源于其生长经历和环境。对比来看，更多企业选择将儒家管理思想融入企业管理，方太集团就是其一。请结合案例并查阅资料，对比分析方太集团将儒家管理思想融入企业管理的路径，与曹德旺将佛学管理思想融入企业的路径，有何异同？

---

① 《福耀老板曹德旺谈一个企业家应该有的境界和胸怀》，https://ishare.ifeng.com/c/s/7pHEaLmE1j5（访问时间：2019年8月20日）。

案例 11　张瑞敏：在持续创新中成就"时代的企业"

【摘要】从带领一家资不抵债、亏空 147 万元的集体小厂发展到如今享誉世界的国际品牌——海尔，张瑞敏用自己的努力创造出了不甘平凡的一生。在管理实践中，张瑞敏将中国传统文化精髓与西方现代管理思想融会贯通，创造了富有中国特色、充满竞争力的海尔文化。从"日事日毕，日清日高"的 OEC 管理模式，到每个人都面向市场的市场链管理，到"人单合一"的发展模式，再到卓越运营的商业模式，张瑞敏在企业管理上的不断创新，赢得了世界管理界的高度评价。

【关键词】海尔文化；张瑞敏；企业家精神；OEC 管理模式

【适用课程】管理学；企业文化；企业管理

【教学功能】该案例主要涉及企业家精神以及组织文化的塑造。通过案例教学，学生可以掌握组织文化的塑造方法，加强对"企业文化塑造"的感性认识，加深对课堂上所学理论知识的理解，提升用理论识别、挖掘问题，创造性解决组织管理中常见问题的能力。

【思政目标】弘扬以张瑞敏为代表的海尔企业家精神，促进学生养成系统、创新、开放的管理素养和管理思维，增强开拓创新、团队协作、社会责任意识。

【案例正文】

张瑞敏，生于 1949 年 1 月，山东莱州人，海尔集团党委书记、董事局主席、首席执行官，中国共产党第十六届、十七届、十八届中央候补委员。他顺应改革发展形势，探索经营管理模式，带领海尔从一家濒临倒闭的集体小厂发展成为全球知名的跨国集团，2017 年全球营业额实现 2419 亿元，连续 9 年蝉联全球白色家电第一品牌；创立"日事日毕，日清日高"OEC 管理法，获得国家级企业管理现代化创新成果；

创立"人单合一"模式,首创物联网时代"三生体系",实现了我国企业管理从学习模仿到引领世界的突破。海尔集团先后被电气与电子工程师协会(IEEE)和国际标准化组织(ISO)选择牵头制定和研究大规模定制模式国际标准。其个人曾入选全球50大管理思想家榜单,荣获"全国劳动模范""全国优秀共产党员"等称号。

1991年12月20日,海尔集团正式成立,一个从无到有、从小到大、从弱到强、从国内迈向全球的品牌开始萌芽并成长于黄海之滨。以此为起点,海尔多元化战略、国际化战略、全球化品牌战略和网络化战略次第落地,在变革与自我颠覆中屹立至今。

张瑞敏,这位共和国的同龄人,一度被各界尊崇为中国的管理哲学大师。在带领海尔不断前行的路上,他和海尔一起在管理领域尤其是质量管理方面不断创新,创造的多个管理模式入选美国哈佛大学的管理学教材。他的管理思想主要包含以下五方面。

一、"产品质量就是企业最好的品牌"管理理念

1984年,在改革开放这部史书里注定是一个重要的年份,也成为中国商业史上具有节点意义的一年。这一年,40岁的柳传志怀揣中科院投资的20万元人民币,在北京的一处传达室开始创业;33岁的王石在深圳成立了一家做内地企业及港口中间商生意的公司;23岁的段永平愤然离开分配的单位——北京电子管厂;在惠州,27岁的李东生在一个简陋的农机仓库,与香港人合录磁带,未来的TCL发出了第一声;在广东顺德容奇镇,只有小学四年级文化、已过半百的潘宁,凭借手锤、手锉、万能表等简单工具,硬是造出了中国第一台双门电冰箱……同样是在1984年,34岁的张瑞敏走马上任。等待他的是一家名叫"电冰箱总厂"的企业,当时不过是一个只有800多人的街道集体小厂,财务报表也很"难看":年销售收入仅348万元,亏空却达147万元。新官上任的他,气愤地烧了"第一把火"——"不准在车间大小便"。

一年后,发生了中国质量史上知名的"砸冰箱"事件。1985年,

一位用户向海尔反映工厂生产的电冰箱有质量问题。

张瑞敏突击检查了仓库，发现仓库中有缺陷的冰箱还有76台。当时研究处理办法时，干部提出作为福利留给海尔员工，张瑞敏却做出了有悖"常理"的决定——将全体员工召集到一起，把76台冰箱当众全部砸掉！而且，由生产这些冰箱的员工亲自来砸。

许多老工人当场流泪。要知道，那时候别说"毁"东西，企业就连开工资都十分困难。况且，在那个物资紧缺的年代，别说正品，就是次品也要凭票购买，如此"糟践"，大家着实心疼。当时甚至连海尔的上级主管部门都难以接受。

但张瑞敏明白："有缺陷的产品就是废品。如果放行这些产品，就谈不上质量意识！我们不能用任何姑息的做法，来告诉大家可以生产这种带缺陷的冰箱，否则今天是76台，明天就可以是760台、7600台……所以必须强制实行，必须要有震慑作用！"[①] 张瑞敏选择了不变初衷。

一柄大锤，伴随着阵阵巨响，真正砸醒了海尔人的质量意识。有不良就是不良品，没有等级之分。质量目标只有一个，就是没有不良，最终达到"零缺陷""高标准"。从此，在家电行业，海尔人砸毁76台有缺陷冰箱的故事传开了。仅用三年时间，海尔人捧回了我国冰箱行业的第一块国家质量金奖，张瑞敏"注重企业管理、注重产品质量"的企业家形象从此深入人心。

论发展，质量才是硬道理。产品质量优劣决定产品的生命乃至企业的发展命运。没有质量就没有市场，没有质量就没有效益，没有质量就没有发展。质量就是企业最好的品牌，质量就是客户至上的最好诠释。

二、"企业即人，管理即借力"管理理念

管理学不断发展，其主要内容依然围绕"人、事、财、物"，尤其

[①] 彭贺、李天健、黄思琴：《张瑞敏：自以为非》，北京：新世界出版社2016年版，第12页。

以"人"为核心。"事、财、物"的管理主要靠"控制"职能,"人"这一核心要素该如何管理呢?管理学界经历了"把人当物"和"把人当人"的争论和发展阶段,学者和企业管理实践者的认知越来越趋同,即回归到"把人当人"的本质。海尔历经多次变革,但关于"人",张瑞敏始终坚持"人是目的,不是工具"。

"人是目的",就是让每位员工去自创业、自创新,创造用户价值最大化。其包括三层含义:①尊重人的价值创造性,②激活人的价值创造潜力,③人与组织共创共享成果。

张瑞敏曾指出,几乎所有的世界级大企业都采用了选、育、用、留四个阶段来考察和选拔员工。但问题是,这都是以企业为主体而不是以员工为主体的用人制度。海尔则把自身变成开放的、全球的人力资源一体化——"世界就是我的人力资源部"。即 R=G,人力资源等于全球化,在 R=G 平台上面孵化创客。所有具备成为创客潜质的人,无论在哪里,都可以无障碍加入海尔的平台,这是对彼得·德鲁克那句话的实践:"组织的增值就是解放并激活人的能力,而不仅仅是对产品。"①

"企业即人,管理即借力",其有五层含义:①相信每个人都是价值创造者,海尔的成功在于个人成功的叠加和放大;②管理的根本在于用人,即怎么用人,怎么激发人,怎么让人把潜能发挥出来;③企业即人,有什么样的人,就有什么样的企业,海尔的特色是由众多海尔人的特色决定的,没有一个个具体的人就没有海尔;④管理即整合利用一切可以带来价值的资源,不在于拥有,而在于能否有创造;⑤管理的作用就是搭建平台,建立制度和机制。

三、"人单合一""双赢"管理模式

"人单合一"的管理模式中,"人"不仅仅指员工,而是涉及平台的所有员工、供应商、合作者等等。这就意味着,"人际关系"包含企

---

① 海尔总裁张瑞敏:《什么才是成功企业家的必备要素?》,https://www.sohu.com/a/357015125_120406474(访问时间:2019 年 11 月 28 日)。

业与平台的关系、平台与人的关系、人与人的关系、内部与外部的关系。同"人"一样,"人单合一"中的"单"并非单纯的订单,而是围绕用户需求,满足平台上所有成员的需要,"单"是生态链的体现。

"人单合一"就是把员工和用户连到一起,而"双赢"则体现为员工在为用户创造价值的过程中实现自身价值。所谓的"双赢"模式,其实就是利他精神的最终体现。

四、OEC 与 6S 管理模式

OEC 即全方位优化管理法。O 代表 overall（全方位）,E 代表 everyone（每人）、everything（每事）、everyday（每天）,C 代表 control（控制）、clear（清理）,也称日清管理法,可表示为：日事日毕,日清日高。意思是每天完成、清理每天的工作,并且每天都要有提高。用海尔的话讲,"总账不漏项、事事有人管、人人都管事、管事凭效果、管人凭考核"。简洁的语言,深刻的内涵。海尔的 OEC 管理模式是对全面质量管理的发展和提升,也标志着中国质量管理的自我创新初步养成。

6S 管理模式就是整理（SEIRI）、整顿（SEITON）、清扫（SEISO）、清洁（SEIKETSU）、素养（SHITSUKE）、安全（SAFETY）六个项目,因均以"S"开头,简称 6S。6S 是海尔本部实行多年的"日事日毕,日清日高"管理办法的主要内容。每天工作表现不佳的员工要站在 6S 大脚印上反省自己的不足,海尔称这种做法为"负激励"。

五、忧患意识与创新精神

"没有成功的企业,只有时代的企业",这是执掌海尔 30 多年的张瑞敏说得最多的一句话,体现了他的忧患意识以及不断创新的精神。从张瑞敏的访谈录中不难看出,他有着超强的学习力,一年要读 100 本书,还要去国外商学院做演讲,向更加优秀的人学习,并将学到的东西不断总结归纳、创造。他曾说：企业发展不再是依赖旧的规则、价值、结构和过程,而是不断学习的过程,企业家需要用未来的眼光看世界,用未来的格局定乾坤。

【思考应用题】

1. "企业即人，管理即借力"的管理理念，蕴含了哪一个管理原理？试列举一个体现该原理的日常生活场景。

2. 海尔坚持以"质"取胜，并且为保证质量，创造性提出了OEC管理模式，请分组讨论，如何借鉴OEC管理经验进行自我管理。

3. 张瑞敏能带领海尔走到行业龙头的地位，得益于他敢于打破陈规，不断钻研和学习，在管理领域尤其是质量管理方面不断创新。张瑞敏身上的企业家精神，对于当前大学生有何启发？

案例12 任正非：用军事管理思想让华为"有质量地活下来"

【摘要】管理是企业真正的核心竞争力，人力资源管理是企业成功与持续发展的关键驱动因素。向军队学习，是华为长期的价值主张。运用军事文化提升华为企业核心竞争力是任正非管理思想及其实践的重要特征之一。

【关键词】"华为军团"；军事管理思想；企业家精神

【适用课程】管理学；企业战略管理；企业文化；人力资源管理

【教学功能】本案例主要涉及企业家精神、管理思想及理论、管理的艺术。通过本案例，学生们可以感受中国优秀企业家的管理智慧，具象化了解管理者应具备的基本素养。

【思政目标】增强大学生的文化自信与民族自豪感，树立正确的职业观。

【案例正文】

一、成立华为"军团"组织

成立"军团"——这是华为公司在2021年备受瞩目的一大动作。华为先于2021年4月成立煤矿军团，后于2021年10月成立海关和港口、智慧公路、数据中心能源和智能光伏"四大军团"。"五大军团"乘风破浪，前行不辍，所向披靡。华为成立"军团"组织，目的是模仿军团，在集结资源的同时穿插作战、提升工作效率，在任何领域都做深、做透。

对准一个城墙口"冲锋"，这种最直接的军事管理思想，在华为创立不久就被任正非确立并应用。军事管理思想如何植入华为企业管理呢？那就是将"让听得见炮火的人呼唤炮火""班长的战争"等西方军事管理思想，以及"红蓝军"、少将连长、训战结合、重装旅、上甘岭战争等做法导入企业。

2015年起，华为用近十年时间对精兵战略等进行适应性改良，以艰苦奋斗等中华优秀传统文化思想为指导，借鉴西方经营管控理念，全面融入任正非的"军事作战"思想中，在越来越多的"战役"中"打胜仗"。这些以"打胜仗"为目的形成的企业经营管理体系，成为华为"有质量地活下来"的核心竞争力。

二、开创独有的"作战体系"

真正强大的企业家身上一定具有英雄主义色彩。这种英雄主义色彩的核心是要有追求卓越的习惯，不断推动自己去奋斗、"打胜仗"。华为三十多年的成长过程中持续面对着企业内外部危机，却打了一场又一场"胜仗"。任正非身上体现的英雄主义，不仅有豪情，而且有用精神去号召、感化员工往前冲的强大感召力。"华为军团"，就是任正非开创的一套完整的"作战体系"。

第一，"五大军团"由任正非亲自指挥，与原有的四大业务集团同样地位，真正实现了企业战略高度的跨越。

第二，组织结构方面突破了传统人力资源管理思想。我们很难从直线型组织、矩阵组织等传统理论中找到这种"军团"的组织结构形式以及应对方案，这给华为公司带来了先发优势与规避竞争的可能。

第三，资源应用与效率提升方面剥离了普遍应用的企业战略步骤与路径，采用了军队的资源调度机制。华为成立"军团"组织，模仿军团，在集结资源的同时穿插作战、提升工作效率，在任何领域都做深、做透。

第四，"军团模式"中的专家集结就是"歼灭战"的思路。"军团"集结了科研、设计、工程、销售等多个领域的专家，他们可以直接与企业对接，在短时间内提供符合市场需求的产品。

第五，战术方面采取交叉合成旅方式，这在军队中是一种既灵活又强大的战争策略。

第六，极具仪式感与感召力的号召与宣誓，这也是军队思想的应用。中国人民大学公共管理学院吴春波教授曾提到，"我们有英雄、有仪式感，相互配套的还要有精神激励，这也是华为的两个动力。可以说，仪式感也是生产力"。[①]

"军团作战"是基于任正非提出的组织精兵战略而形成的独立体系作战模式，经过十多年的酝酿，已逐渐成熟。

三、任正非的"战略作战"思想

为何说任正非是战略家呢？战略是一种选择，任正非并未按照传统思路进行部署，没有将"军团"放在企业"作业集团"中，而是独立出来并拥有同等管理级别。中国著名经济学家和企业管理学家黄卫伟教授说过，"战略决定组织"。军团如此重要的地位也代表其未来存在更大的想象空间。

[①] 吴春波：《仪式感也是生产力——华为的讲究》，https://www.sohu.com/a/350474669_761946（访问时间：2019年10月30日）。

从铁三角到地区部、代表处、轻装综合化海军陆战阵营，再到精兵组织策略，包括"红蓝军"建制、重装旅、少将连长、训战结合等不断实施的组织路径，以及"2012实验室"的技术储备，使得军事管理思想在华为公司不断成长，最终完成"打胜仗"战略的全面布局。

为何说任正非是思想家？任正非不仅将军队作战思想应用于企业经营管理，还采用了全新的业务、技术和市场应用思路，可见其在企业经营方面不仅具备独立思想，还不断结合实际形成更多更好且区别于西方企业经营的新思想。

任正非推出的"军团模式"，已经突破了西方以及中国传统的企业经营管理界限与经验，开创了突破性的企业"军事作战体系"。他不再是对企业经营外来经验的"先僵化，后固化，再优化"，而是开创自己的作战体系，在市场上冲锋陷阵。从这个角度看，任正非已成为当代企业战略家、思想家，他用思考和行动为中国企业管理思想与实践作出贡献。

四、"军事作战"治企思想要坚守也要发展

2021年12月31日，华为轮值董事长郭平在2022年新年致辞中对"军团模式"进行了精深的描述，也体现出"军团"与华为组织变革逐步深入的态势。

"军团"作战推进方面，华为坚持聚焦ICT基础设施和智能终端领域，在保持大平台优势的同时，通过产业子公司和军团的试点运作缩短管理链条，快速满足客户需求，创造商业价值和社会价值。"军团"在公司内部是代表行业寻找合适的技术，面向客户时则代表华为与伙伴一起寻找解决问题的方案。把简单带给客户，把复杂留给自己。

组织变革深化方面，华为力求做强客户根基。为客户服务是华为存在的唯一理由，即便不能决定客户的选择，也一定要把选择华为的客户服务好。华为组织变革的目标就是更好地为客户服务，围绕"作战指挥权"前移，实现大平台下的精兵作战，充分激发一线活力。2022年，

华为全面推进"合同在代表处审结",实现代表处自主经营。后续还将启动代表处综合业务变革探索,扎实抓好机关组织的基层经验、一线实战经验和海外成功经验,牵引干部和专家奔赴服务客户的第一线。

从三十几年的发展历程来看,华为始终以客户为中心。任正非的"军事作战思想"也在坚守中不断寻求新发展,这也是华为核心竞争力的根本。

【思考应用题】

1. 同样是以"提升效率"为目的进行的管理改革,试对比泰勒的"科学管理原理"主要观点与任正非"军事管理思想治理企业"的主要观点,谈谈其中的异同。

2. 任正非的企业管理思想,已经突破了西方以及中国传统的企业经营管理界限与经验,开创了自己突破性的企业"军事作战体系"。他不再是对企业经营外来经验的"先僵化,后固化,再优化",而是开创自己的作战体系在市场上冲锋陷阵。这对于我国本土企业做大做强有何启发?

3. 任正非身上的英雄主义,是敢闯敢干,奋斗为先的拼搏精神和创新精神,这对于当代大学生择业、就业、创业方面有何启示?

模块三 决策篇

本篇立足决策与决策过程、环境分析与理性决策、决策的实施与调整等章节内容,围绕本土企业如何成长、如何创新发展,民族企业如何走出去等重大决策问题选取案例。制定决策并承担相应的责任是管理者工作的核心内容,而组织活动是在特定环境中进行的,受环境的复杂性、不确定性以及管理者认知与行动能力有限性等多种因素的影响,因而组织的决策是有限理性的。本篇案例旨在提升学生对决策知识、决策理论以及影响决策因素的理解,引导学生关注现实问题,培育学生经世济民、诚信服务、德法兼修的职业素养。

案例13 九芝堂药业——一家百年老店的发展战略演变之路

【摘要】从"九芝堂"小药铺发展至百年药商九芝堂股份有限公司,九芝堂历经波折后才不断发展壮大,招徕了资本大鳄"涌金系"的入驻,然而"涌金系"管理层治理混乱导致九芝堂出现滞胀现象。2015年,"涌金系"退出九芝堂后,公司进行资产重组,友博药业接手这家百年药商。九芝堂从辉煌到落寞再到奋起,其历经超过百年的战略演变之路,给我们带来了太多启示。

【关键词】九芝堂;本土企业;"涌金系";企业并购与重组;战略

决策

【适用课程】企业战略管理；投资学；经济学；管理学

【教学功能】本案例旨在探讨本土企业如何成长壮大，主要涉及企业发展中资本运作模式，环境对决策的影响，以及如何根据组织内外部环境变化对发展决策进行适时调整等知识点。通过案例教学，学生增强动态管理意识，提高运用管理理论分析和解决实际问题的能力。

【思政目标】增强学生壮大民族企业的责任感和使命感，开阔国际视野，增强风险防范意识。

【案例正文】

驴胶补血颗粒、斯奇康、逍遥丸、归脾丸……这些耳熟能详的中药制剂都来自一家历经300多年风霜的老字号——九芝堂药业。从1650年"劳九芝堂药铺"成立，到如今作为上市企业活跃于中国药企行业，其间几百年的曲折发展，难以言尽。2000年公司上市以后，在多变的资本市场考验下逐渐暴露出诸多问题。后经多次股权变更，被湖南"涌金系"以59.5%的股权绝对控股。然而之后的道路也并不平坦，九芝堂药业一直饱受质疑。有人说"涌金系"过度关注资本运作而忽视实体经营，导致九芝堂的产品结构多年不变，影响了其在行业中的地位。面对外界的质疑和自身的发展问题，九芝堂该何去何从？

一、九芝堂的发展历程

清顺治七年（1650），长沙坡子街西关圣殿对面住着一位工诗画、通医道的老者，这就是从江苏迁居来的劳澄先生。他为民治病开药，吟诗作画，自得其乐。随着名声扩大，他在大门内用石砖砌了一个简陋的柜台，开起一间小药店。传闻劳澄之子劳楫有一天梦到门前有两棵大桂花树，树上长有九株灵芝，"门植双桂，桂生九芝"，天赐"九芝"也，于是将药铺命名为"劳九芝堂药铺"。

清末民初，"劳九芝堂药铺"虽从产品质量到店务经营、资金来源都具备了一定实力，但受所处社会环境的束缚，发展缓慢。1956年公私合营浪潮中,"劳九芝堂药铺"合并了多家药店,成立九芝堂加工厂,并设计启用了"芝"牌商标,后又更名为长沙市中药一厂。如今,九芝堂药业已是拥有总资产 13 亿元、净资产 11 亿元,下辖 8 家子公司、2 家分公司、1 家参股公司的现代大型医药集团。

二、强强联合,纵深发展

20 世纪 90 年代起,九芝堂紧随市场发展趋势,坚守发展是第一要务,通过兼并药材公司实现工商结合,通过强强联合扩大优势资本,通过战略联盟优化资本结构,通过股改上市及增发实现资本运营突破,通过股权分置改革完善公司治理机构……1995 年 10 月,九芝堂对长沙市药材公司进行整体兼并,这是一次低成本资本扩张。引入九芝堂管理机制之后,长沙市药材公司第三年就实现了扭亏为盈,销售收入 8377 万元,利税 282 万元,成为长沙市医药商业的佼佼者。1996 年 8 月,九芝堂与长沙市神箭制药厂实行联合,成立长沙九芝堂(集团)有限公司。通过强强联合实现销售网络、行政体系的一体化管理,九芝堂规模和效益成倍增长,一跃成为湖南医药行业规模和效益的龙头企业。

随着企业不断壮大,九芝堂以生产经营为基础,以资本运营为突破,以药为主,抓住机遇实施纵深发展的经营战略。随后接二连三进行收购、股份制改造、挂牌上市、增发股票等资本运作,缔造了超常发展的奇迹。

1999 年 5 月,九芝堂联合 4 家企业共同发起成立国有控股的湖南九芝堂股份有限公司,2000 年 6 月成功上市融资 3.6 亿元。随着国有企业产权制度改革等文件相继出台,九芝堂果断推进产权制度改革,企业与员工真正走向了市场。

2002 年 1 月,经湖南省政府批准,长沙九芝堂集团有限公司整体转让给湖南涌金、上海钱涌和杭州五环三家民营企业,实现了国有资产的全面退出。同年 12 月,九芝堂完成了企业员工身份的转换。2003 年 8 月,九芝堂成功实现 A 股增发新股 5100 万股,融资 5.1 亿元,总股本增至 26 184.98 万股，其中社会公众股 12 360.27 万股。

三、扬帆起航，转型上市

2000 年 6 月，九芝堂发行社会公众股 4000 万股，并在深交所挂牌上市。自此，九芝堂转型成为上市公司，其发展走向了一个崭新的阶段。

2001 年 6 月，湖南涌金投资（控股）有限公司受让长沙九芝堂（集团）有限公司持有的 3800 万股九芝堂国家股，成为九芝堂第一大股东。令人费解的是，2002 年 1 月，湖南涌金、上海钱涌、杭州五环受让九芝堂第一大股东九芝堂集团的全部股权，其中湖南涌金占比 49%，间接控股九芝堂。九芝堂自此成为资本大鳄"涌金系"首家控股的上市公司。后经多次股权变更，湖南涌金持有的九芝堂集团股权增加到了 59.5%。2002 年 10 月，公司实施资本公积金转增股本方案，转增后公司总股本变为 16 720.6 万股，其中社会公众股 5200 万股。2003 年 8 月，公司增发 5100 万新股。

一系列资本运作之后，九芝堂的经营业绩和社会影响也发生了一些变化。但是九芝堂的每股收益水平始终稳定，且各项经营指标都很理想，流动比率等资产结构指标也趋于优化。可以看出，九芝堂在刚上市的几年间整体经营绩效良好。但看似风平浪静的发展中蕴藏了诸多危机。

一系列股权变动后，九芝堂的股权结构趋于稳定，但从年报披露的数据来看，2005—2006 年九芝堂的经营数据并不理想。然而 2007 年局势扭转直上，九芝堂净利润发生了飞跃式增长。2007 年九芝堂到底经历了什么呢？当年年报显示，其投资收益为 9004.5 万元，占净利润的 70.4%，即收益主要来源是交易性金融资产中的股票投资收益。2008 年，九芝堂的净利润水平进一步提高，但九芝堂抛售了其以 6.05 元/股价格购得的交通银行国有法人股 1395.5 万股，获得净收益 4454.24 万元。同年，九芝堂还动用 2000 万元自有资金购买了科伦药业 50 万股，科伦药业上市后，股价一度大涨，之后九芝堂全部清仓科伦药业股票，获得投资收益约为9986万元。

涌金投资（控股）有限公司董事长陈金霞那时并没有意识到，本身金融起家的她对于中药制药企业的运营并没有经验。加上当时国内大趋势的影响，涌金控股更偏重资本运作，九芝堂利润大涨的背后，隐藏着主营业务动力不足、靠金融业反哺的问题，这也为九芝堂后来遭遇的滞胀埋下了隐患。

四、遭遇滞胀，踌躇不前

作为"涌金系"当家人和九芝堂掌控者的陈金霞也在面对质疑：伴随国家政策推动和制药技术创新，国内中药制造行业进入了发展黄金期，优质企业纷纷涌现，许多中药制造企业规模逐渐扩大，但身处中药制造行业领先地位的老字号九芝堂却似乎遭遇了滞胀，没能及时跟上行业发展风口期，到底为何？

答案要回溯到2009年。2009年注定是不平凡的一年，除了次贷危机对全球金融市场的冲击之外，国内金融市场也出现较大波动。对于饱经风霜的九芝堂，影响最大的莫过于"涌金系"创始人魏东于2008年自杀身亡带来的"涌金系"动荡，导致其所属的九芝堂高层人事频繁变动，直至2013年的落幕。与"涌金系"动荡相似的是，2009年九芝堂管理层也经历了大换血，频繁的高层管理人员变动使得九芝堂的经营受到巨大影响，不仅包括对企业经营战略的不利影响，还包括新的企业领导者与其他管理人员之间关系协调的不利影响。

"涌金系"推崇"实业+金融"的产融结合模式，也是九芝堂在被"涌金系"实际控制后，其投资收益的比重畸大的原因。"涌金系"与九芝堂之间的关系可以简单概括为：九芝堂的绝对控制权其实在涌金控股手里，因而九芝堂在上市之后的发展与"涌金系"一荣俱荣、一损俱损。

之前受"涌金系"的影响，九芝堂的发展战略已经逐渐偏离制药老字号的原轨道，这对于九芝堂来说无异于动摇其根本。2013年之后的当家人并未有过医药行业管理工作的经验，这对于九芝堂来说无疑是雪上加霜。

五、披荆斩棘，艰难重组

"涌金系"退出九芝堂的传闻屡屡牵动着投资者的神经。"北有同仁堂，南有九芝堂"，九芝堂这家有着300多年历史的老字号医药企业，在"涌金系"注重资本运作、忽视产业发展的管理之下，在医药产业发展最快的黄金期蹉跎不前。投资者对下一个接盘者反复猜测，是"华润系"还是其他公司？甚至连做凉茶销售的加多宝也被传为九芝堂的接盘方之一。

彼时九芝堂的状况已经不是简单地换几个营销高管就能解决的。"涌金系"很难与医药业内的人士达成共识，因此"涌金系"退出，九芝堂易主，或许是挽回九芝堂颓势的唯一方式。

2011—2012年，"涌金系"与多家医药企业商谈过股权转让事宜，但并购方提出的条件遭到了"涌金系"方面的拒绝。2013年2月，宏源证券发布了一份报告《谁会收购九芝堂》，其中提到：从华润集团的发展策略、收购动机，到九芝堂自身发展需要来看，华润集团都是最有可能收购九芝堂的公司。此外，上药集团和国药集团也有可能，加多宝也不排除加入并购行列。

2014年2月，九芝堂在公告中表示，公司未来三个月无资产重组、股权转让、收购计划及其他对公司有重大影响的事项。陈金霞看着各家证券的分析报道，拿起电话准备与高层管理人员商议"涌金系"及九芝堂的未来发展。此时秘书来电告知友博药业董事长李振国先生希望能面谈，商讨收购九芝堂的事宜，陈金霞并没有立即同意："明天我会给他们一个答复。"

陈金霞打开网页搜索了李振国三个字。20世纪80年代初，李振国用自己的微薄积蓄和借来的钱作为启动资金，刻苦研发十余年，成功研制出中国第一个动物类复方中药注射剂疏血通，疏血通的神奇药效为友博的日后腾飞确立了产品优势。2002年，友博与辰能投资集团旗下的三家公司合作，实现了经营体制和机制重大变革，注册资本也由建厂初期的500万元增长到5000万元，建成了符合新版《药品生产质量管理规范》（GMP）的药厂。风险投资的介入又带来了新的管理机制和治理结构，企业经营运作水平迅速提高，当年企业产值就翻了三番。

2016年1月，作为九芝堂的大股东，由涌金投资控股的九芝堂集团以约定价格向友博药业控股股东李振国转让部分股权，而后定向发行股份购买资产，使李振国成为上市公司新控股股东。"涌金系"淡出，友博药业实现了借壳上市。

【思考应用题】

1. 从"九芝堂"的成立到上市，再到资产重组，九芝堂的发展历程引发太多的思考。请结合九芝堂案例分析企业内外部环境与企业决策之间的关系。

2. 本土品牌想要做大做强，其面临的挑战是复杂多变的。九芝堂从一家草根企业成长为民族品牌，后又跟随时代改变其发展战略，脱离了"本心"致使一度陷入困境。九芝堂的战略演变之路给本土企业发展带来了哪些启示？

3. 结合所学案例分析方法，试选取其他超过百年历史的典型企业，分析其战略的演变历程。

案例14　从达能恶意并购娃哈哈事件谈民族品牌保护战略

【摘要】2007年，媒体披露了达能与娃哈哈的并购纠纷：法国达能公司欲以40亿元人民币的价格并购娃哈哈旗下数十家非合资公司51%

股权，涉及资产总额约56亿元，遭到娃哈哈中方股东的反对。此后，法国达能和娃哈哈之间争执不断升级并最终进入法律程序。最终在两国政府协调下，双方达成和解。而"达能恶意并购娃哈哈"事件也引起了各界关注，引发开放经济下如何保护民族品牌的大讨论。

【关键词】娃哈哈；达能；决策及其影响因素；民族品牌；外资并购

【适用课程】管理学；经济法；企业并购与重组；企业战略管理

【教学功能】本案例主要涉及外资企业恶意并购民族品牌、民族企业战略决策、民族品牌的保护等问题，以及决策过程及其影响因素、环境分析方法等知识点。通过案例教学，学生提升对管理决策内涵的认识，深入理解全球化背景下决策的复杂性、外部环境及企业发展阶段对决策的影响，明晰法律知识对企业决策的重要意义，加强发现问题的敏锐性和判断力，提升探索性和批判性思维能力。

【思政目标】培养财经学生的法律意识，强化学生公平公正、诚实守信的职业观；培养学生在管理实践中勇于创新、敢于承担风险的企业家精神。

【案例正文】

一、并购背景

（一）娃哈哈的资本运作

重庆涪陵娃哈哈饮料有限公司成立时，宗庆后个人持股50%，后几经股权变更，发展成为宗庆后的全资控股公司。2000年集团公司完成改制，开启了有组织、有规模的扩张。

娃哈哈集团的扩张主要包括三个层次：第一层是与达能合资谋求共同发展的生产型企业，彼时这些企业中达能持股51%；第二层是娃哈哈集团、达能以及第三方共同投资的生产型企业；第三层是名义上属于娃哈哈旗下的非合资企业，实则是宗庆后家族控制的企业。

上述涉及的投资中尤其是对非合资公司的投资，绝大部分是由杭州萧山顺发食品包装有限公司、杭州娃哈哈广盛投资有限公司、红安永盛投资有限公司、广元金信投资有限公司等4家公司投资。其中，萧山顺发和广盛完成了对近20家非合资公司的投资，红安永盛和广元金信完成了对近10家非合资公司的投资。需要注意的是，除了红安永盛之外，其他3家公司均由宗庆后个人绝对控股。

（二）达能的中国战略

娃哈哈蹒跚起步之时，正是达能初到中国、征战亚洲市场的时期。最初几年，达能的业绩始终乏善可陈。直至20世纪90年代初，达能蓦然发现了打开中国市场的捷径——收购、兼并本土优质企业，并谋求控股权。

1992年，达能合资成立上海达能饼干公司，持股54.2%，之后便马不停蹄将触角伸向中国河北、浙江、湖北、深圳、广东、上海、北京和内蒙古等地，入主当地啤酒、饮料食品、水等行业的翘楚企业。2000年以后，达能加快了布局步伐，对2003年结盟的光明乳业亦毫不手软，先后三次借机使其在光明乳业的股权比例上升为20.01%。2006年，达能又以49%的股份牵手蒙牛。至此，中国本土乳业两强悉数被达能斩获为利润源泉。

达能在中国的收购也并非每次都能满载而归，例如其前后两次并购啤酒企业都无功而返。然而比起其他国际资本参股中国本土企业的实践而言，达能要成功得多。这主要得益于达能在多次收购行动中逐渐形成的产业成长战略。

达能的产业成长战略核心观点有三：一是锁定市场上的数一数二的优秀产业；二是坚定不移、心无旁骛地加固核心产业，并毫不吝惜地抛弃边缘产业；三是在世界各地收购当地优秀品牌，实行包容性的本土化和多品牌战略。实际上，在达能品牌星系中，除了LU、Evian、Danone等国际品牌外，更多的是类似中国娃哈哈、乐百氏这样的区域性强势品牌，其数量已经超过30个。

二、并购的动因

1996年,娃哈哈与法国达能集团、中国香港百富勤合资成立5家公司,生产以"娃哈哈"为商标的纯净水、八宝粥等产品。娃哈哈持股49%,达能与百富勤合占51%。亚洲金融危机之后,百富勤将股权卖给达能,导致达能占据51%的控股地位。1996年2月,杭州娃哈哈公司与达能签署商标转让协议,将"娃哈哈"商标转让给达娃合资公司,但当时国家商标局对此未予核准。

达能在提出将"娃哈哈"商标权转让给合资公司未果后,与娃哈哈集团协商于1999年再签订商标使用许可合同,替代原来的转让协议。其中一款称"中方将来可以使用(娃哈哈)商标在其他产品的生产和销售上,而这些产品项目已提交给娃哈哈与其他合营企业的董事会进行考虑"。

1999年,宗庆后决定,由职工集资持股成立的公司出面,建立一批与达能没有合资关系的公司。因为数据显示,2006年娃哈哈公司销售额突破200亿元,利润超过20亿,其中非合资公司的总资产达56亿元,利润高达10.4亿元。

资本是逐利的,对于达能而言最直接的目的是获取利润,尽全力扩大其中国市场份额。因此达能在中国的并购并非简单的通杀型并购,一定要获得品牌拥有权,而是走了一条以获利当先的战略并购之路。从达能在中国市场的"征战"之路不难看出,它通过不断参股和并购,在很多大型饮料企业中都占有控制地位,例如蒙牛、伊利、正广和,甚至可以说达能占据了中国饮料行业的半壁江山。

三、争议过程

1996年,娃哈哈与达能合资公司成立时,身为娃哈哈创办者及掌门人的宗庆后便与达能"约法四章":一是品牌不变,二是董事长的位置不变,三是退休职工待遇不变,四是45岁以上职工不许辞退。

随后10年间,宗庆后凭借在娃哈哈多年累积的威望、强硬的工作作风,一直牢牢地掌握着娃哈哈的控制权。2006年,所谓的"阴阳"合同曝光后,引发了一系列争议。

2006年4月2日,宗庆后向外界自曝"娃哈哈中了达能恶意收购的圈套"。达能欲强行以40亿元人民币的低价并购娃哈哈集团总资产达56亿元、利润达10.4亿元的其他非合资公司51%的股权。收购娃哈哈后,达能将在中国的食品饮料行业造成事实上的垄断。同年4月4日,达娃合资公司董事会在杭州召开。次日,达能亚太区总裁范易接受采访时并未否认并购一事,"达能在中国所有公司加起来的市场份额不超过15%,不可能形成垄断"。① 4月8日,宗庆后通过媒体透露,双方谈判的焦点集中在商标使用许可、竞争性产品生产许可以及是否垄断等方面。4月9日,达能方面提出,1996年的转让协议并未终止,要求将"娃哈哈"商标继续转让给合资公司。达能集团发表声明称,达能与娃哈哈1996年签订的合同完全是公平的、合法的,娃哈哈合资企业享有独家生产、经销、销售娃哈哈品牌的食品和饮料的权利。达能希望双方之间能够通过磋商解决问题,但也不排除"动用全面法律程序"维权。4月10日,娃哈哈集团工会委员会、娃哈哈集团北京销售分公司经销商分别发表声明,两份声明均称"'娃哈哈'是宗老板与娃哈哈所有干部员工及经销商一起打造的,而外资没有给企业任何技术、研发方面的支持"。②

"娃哈哈"商标归属问题是"达娃之争"的焦点问题之一。为此,娃哈哈集团在双方约定的争议解决机构——杭州仲裁委员会进行仲裁。2006年12月,仲裁结果确认转让协议已于1999年12月终止,意味着"娃哈哈"商标属于娃哈哈集团。达能对仲裁结果不服,并于2007年6

---

① 《回顾中国十大并购案(2007年):达能、娃哈哈控权之争》,https://www.zhihu.com/tardis/zm/art/359747347?source_id=1005(访问时间:2021年3月25日)。

② 《回顾中国十大并购案(2007年):达能、娃哈哈控权之争》,https://www.zhihu.com/tardis/zm/art/359747347?source_id=1005(访问时间:2021年3月25日)。

月向杭州中院提起诉讼,要求撤销裁决。

同时,娃哈哈方面收到了杭州中院的民事裁定书。杭州中院于7月两次召开听证会,分别听取了娃哈哈和达能双方的理由,并于7月30日做出裁定,驳回达能的诉讼请求。这一裁定为终审判决,不得上诉。至此,达能与娃哈哈纠纷一案以娃哈哈胜出暂告一段落。

四、回顾与反思

达能与娃哈哈品牌纷争一案,只是外资蚕食本土品牌众多案例中的一个,总结起来,外资蚕食本土品牌大体有以下两种方式。

一是外资通过取得本土企业的控制权干预本土品牌经营。外资企业在并购本土企业时往往会力争取得企业控股权,进而制定不利于本土品牌发展的策略,例如对本土品牌减少技术、资金方面支持而导致其渐渐老化。

二是外资通过买断本土品牌的使用权,把本土品牌打入"冷宫"。外资瞄准的本土品牌价值一般比较大,完全买断需要大量资金,所以外资一般不会买断其所有权,而是以少量资金买断其使用权,从而控制本土品牌数十年,在此期间,对本土品牌实施不利的发展策略,致使本土品牌逐渐被消费者淡忘。

达能恶意并购的失败反映出国际投资模式地方化的失败。国际投资模式的成功至少依赖于两个要素:一是依赖于本土企业家团队,需要有接受国际投资模式并为之奋斗的企业家团队支撑,而这首先需要企业家团队对国际投资规则的透彻理解和充分尊重。二是依赖于当地的法律环境,这包括对法律(包括合同)遵守习惯、企业家团队的激励制度等。而上述两个基本要素,在达能与娃哈哈的合资中恰恰都不具备。

【思考应用题】

1. 从外资恶意并购娃哈哈案例,基于本土企业娃哈哈的视角,谈谈如何在国际合作中警惕外资控股,避免外资垄断,从而保护民族品牌。

2. 讨论环境因素及企业不同发展阶段如何影响了娃哈哈的决策。

案例15　从海尔集团开拓日本市场谈"走出去"战略

【摘要】全球经济一体化背景下，我国本土企业正努力探索如何进入及开拓国际市场。本案例以海尔洗衣机业务花费近十年努力成功开辟日本市场的经历为主线，分析了海尔初入日本市场时遭遇到的挑战和困境，困境下海尔的管理思维从市场导向向战略导向的转变，以及这一转变过程中海尔在产品、质量、营销、成本控制等方面的创新和战略决策。海尔的海外市场开拓之路，为海尔继续深耕日本市场，以及其他中国本土企业走出去提供借鉴。

【关键词】海尔集团；国际化战略；创新思维；市场开拓

【适用课程】公司战略管理；国际贸易；市场营销学；管理学

【教学功能】本案例侧重于探讨企业国际化竞争中的战略导向对企业决策的影响。通过案例教学，学生能从动态视角分析我国本土企业开拓海外市场的战略实践，深入思考我国企业在国际化进程中，如何从产品、质量、营销、成本等多方面进行系统化创新。

【思政目标】增强学生对民族品牌及本土企业的认同感，培养学生勇于创新、敢于承担风险精神。

【案例正文】

一、海尔集团简介

海尔集团创立于1984年，目前是世界第四大白色家电制造商，也是中国电子信息百强企业之首。旗下拥有240多家法人单位，在全球30多个国家建立本土化的设计中心、制造基地和贸易公司。全球员工总数超过 5 万人,重点发展科技、工业、贸易、金融四大支柱产业。2005 年海尔全球营业额实现 1039 亿元（128 亿美元）。2010 年海尔被福布斯评为世界上增长最快的企业之一。著名消费市场研究机构欧洲透视（Euro monitor）数据显示[①]：2010 年海尔在世界大家电品牌中蝉联第一，全球市场占有率 6.1%。其中，海尔冰箱和海尔洗衣机分别以 10.4% 与 9.1% 的全球市场占有率在行业中排名第一。海尔洗衣机厂创立于 1986 年，2010 年全球产销量达 1072 万台，海内外拥有共计 18 个制造工厂，年产能可达 1500 万台，行业排名第一。2021 年，海尔在中国 500 强公司发明专利数量排名第二。

二、海尔洗衣机业务的日本市场开拓之路

当海尔瞄准日本市场时，就结合日本市场特点与海尔实际情况，制定了"走出去、走进去、走上去"三步走国际化战略。第一步是"走出去"，即品牌走出国门；第二步是"走进去"，即进入日本市场的主流渠道商；第三步是"走上去"，即成为有较高品牌知名度和美誉度的主流品牌。

（一）"走出去"阶段（1990—2002）

早在 1990 年，海尔集团高瞻远瞩地提出了"3 个 1/3"的企业发展战略，即"国内销售 1/3，国内生产海外销售 1/3，海外生产海外销售 1/3"。彼时，海尔虽决定要"走出去"，然而对于走向哪个国际市场还没有定论，敢啃硬骨头的精神使其将目标聚焦到日本市场。

众所周知，日本是"世界家电王国"，有众多世界知名家电品牌，这些品牌已深入人心。许多国外家电品牌也曾尝试进入日本市场，但大多无功而返。海尔将目标锁定日本市场，原因在于海尔认为得到了日本用户的认同，就如同取得了通向整个国际市场的"质量通行证"。

[①] 《海尔市场占有率蝉联全球第一》，https://tech.sina.com.cn/e/2010-12-16/11044992017.shtml（访问时间：2010 年 12 月 16 日）。

海尔进入日本市场的关键步骤有两个：一是征服终端消费者的"心"，二是征服渠道商的"心"。

征服终端消费者的"心"，就是开发适合日本市场需求的产品，这是"外来企业"初次进入东道国市场，吸引终端消费者的重中之重。为此，海尔在设计和生产产品之前力求充分调查日本本土市场，了解真实的消费需求。例如，2002年，海尔与日本三洋电机达成合作，成立三洋海尔合资公司，合作开发了"小小神童"洗衣机，用以满足日本单身用户对小容量洗衣机的需求，这标志着海尔迈出了开拓日本市场的关键一步。

征服渠道商的"心"，就是与日本本土的渠道商合作，建立战略联盟实现双赢。例如，海尔与日本最大超市连锁集团（JUSCO集团）联合开发了带加热烘干功能的洗衣机，深受日本单身消费者的喜爱。海尔也凭借该产品在日本渠道商中"名气"大增。

（二）"走进去"阶段（2003—2009）

"小小神童"等家电产品初战告捷，海尔开始进一步考虑如何走进日本市场。

一是如何提高品牌知名度和美誉度。根据消费需求设计产品的同时，海尔通过加强广告投入、强化消费者互动来赢得消费者的信赖。

2003年8月，海尔在日本最繁华的银座竖起巨幅灯箱广告，这是海尔宣传品牌的第一步，广告的宣传效应迅速传至整个东京乃至日本全国。2004年10月，吴天明导演的《首席执行官》在日本上映，深受居民喜爱。"海尔精神"也成为日本企业界争相效仿的榜样，海尔品牌知名度进一步提升。影片主人公原型张瑞敏先生在接受日本媒体采访时说："中国加入WTO后，中国企业必须学会做狼，只有成为狼，才有资格与狼共舞。"

除了促销和宣传活动，海尔还考虑了互动营销。2008年12月至2009年5月，海尔策划了"HAIER TO HAIER"（从海尔到海尔）的互动营销活动，让日本大学生亲自给消费者展示他们真实感受到的海尔魅力，进一步提升了海尔品牌的知名度和美誉度。

二是如何进行产品创新，为"走上去"做准备。重视小容量产品研发的同时，海尔逐步研发主流产品。海尔选择了差异化战略，即通过开发缝隙产品打入日本市场。这种做法一方面避免了与本土厂家发生正面冲突，可以减少竞争压力；另一方面巧妙定位目标群体，满足了用户的个性化需求。经过几年努力，海尔产品陆续进入日本大型超市和部分大型家电零售连锁店。

三是如何继续扩大销售渠道。海尔选择继续与各大渠道建立信任关系，随着信任关系的深入扩大销售渠道。

（三）"走上去"阶段（2009年至今）

在日本市场，海尔已形成2.6千克到9千克的全系列产品线。2010年，海尔洗衣产品在日本的销量超过15万台，已成为外资白电品牌中的第一品牌；同时海尔已进驻日本十大主流家电渠道中的七家，成为BIC、KS渠道的主推产品。海尔已经在日本市场占据了重要位置，开启了"走上去"的阶段。

成功进入日本市场后，海尔开始重点考虑如何提升产品的综合实力和核心竞争力，即如何提供具有高附加值且有成本竞争力的产品，同时继续提升海尔品牌的知名度和美誉度。这需要有很强的资源整合能力。为此，海尔从提高研发实力出发，在日本成立研发公司，开发符合日本主流趋势的产品。

然而"走上去"仍需海尔在日本市场深耕，道阻且长。例如：日本市场的主流产品都是7千克的大容量产品。海尔清醒地认识到，如果生产"小容量产品"只是打开日本市场的"小规模战役"，那么开发7公斤容量的主流产品，才是打响"走上"该市场的"全面战役"。基于这一战略考量，海尔首先整合全球资源，开发"面向日本、源自日本、适合日本"的家电产品战略。

2009年海尔完成了7千克主流产品的开发，2010年着手高级大滚筒洗衣机的开发。该产品开发团队由日本本土的专业技术人员和设计人员组成，经过不懈努力，研发出世界首创的"混合平衡环技术"，极大降低了洗衣机的工作噪声，达到了日本对此类产品不高于30分贝的噪声要求。

张瑞敏常常回顾他和团队在日本市场的十年征途。从最初凭借"敢为天下先"的勇气走出国门，到生产差异化产品来满足日本消费者的独特消费需求，进而成功进入日本市场，再到向日本主流品牌迈进，这一市场开拓之路，有太多经验和教训值得反思。

三、海尔洗衣机业务在日本市场遭遇的挑战

（一）市场竞争格局

日本的洗衣机普及率在95%以上、市场容量在450万台以上（2009年GFK日本调查数据），市场潜力巨大。因而成功开拓日本市场，对于海尔的国际化发展有着极其重要的意义。

在日本市场，从7千克大容量洗衣机产品的竞争格局来看，本土五大厂家势均力敌，均有各自独特的技术，竞争异常激烈。

激烈的竞争给海尔带来了机遇。第一，日本家电市场内部竞争激烈、人工费用高、利润薄弱，导致许多家电企业的赤字问题严重，尤其是三洋宣布退出家电行业，给海尔提供了渗透日本市场的机会。第二，强势日元对海尔出口极其有利，产品成本竞争力明显。第三，日本经济不景气，消费者更趋向于购买性价比高的产品。海尔借收购三洋白色家电时机，极大提高了技术力、品牌力和服务力。

然而日本家电市场也是一块"难啃的骨头"。第一，日本本土家电行业技术领先、产品精细化水平高，加之日本人对国产品牌保护意识强，导致日本家电商牢牢把握着市场主动权和主导权。第二，日本消费者非常挑剔，要求苛刻，对外国品牌很难认可。在这样的市场格局下，海尔遭遇到了前所未有的挑战。

（二）市场需求的独特性

海尔对日本市场消费者的消费习惯、生活习俗等进行了全面调研

后,分析了日本市场的特点,发现了两个亟待解决的难题:一是消费者独特的、特殊的、多样化的需求;二是消费者对家电质量近乎苛刻的要求。具体而言:

第一,日本的单身用户对洗衣机的容量需求一般在4~6千克,而主流洗衣机一般在6千克以上,这就使得该部分用户清洗衣物时存在浪费水电现象。

第二,日本住宅空间狭小,因而消费者对产品尺寸和空间利用有严格要求。同时,日本住宅多是木地板,因而消费者对洗衣机使用过程中出现的漏水或溅水问题极为关注。日本人常常把洗衣机放在一块塑料防水盘上使用,这样即使发生漏水问题,水也会流到防水盘内再从地漏流走,不会打湿地板。而防水盘的尺寸是固定的,防水盘的尺寸限制了用户对洗衣机的选择,因为往往在房子装修时就事先安装好防水盘。

第三,日本的生活节奏较快导致夜间洗衣频率较高,从而带来了噪声问题。由于房屋多用木头材料,洗衣服时振动和噪声会传递到邻居家,可能引起不必要的纠纷,因而消费者对洗衣机的噪声要求苛刻。

第四,日本消费者不仅注重产品内在质量,而且非常看重产品外观。因为他们通常认为一个企业如果连产品外观(包括包装)的脏、乱、差问题都解决不好,怎么可能设计出质量好的产品?

第五,日本独特的盆浴习惯使得浴缸成为大多数家庭的必备设施。而泡澡之后的洗澡水不加利用的话会造成浪费,由此产生了使用洗澡水洗衣服的需求,那么日本用户尤其是家庭用户便希望洗澡水泵功能成为洗衣机的基本功能。

四、海尔的应对之道

面对种种挑战,海尔通过产品的微创新来满足市场需求的独特性,并以此为突破口成功进入日本市场。针对日本消费者对产品质量的苛刻要求,海尔通过OEC、"6S"等管理模式创新,全面提高产品质量,获得了日本市场的青睐。产品逐渐被消费者熟知后,海尔进一步转变思维，从"市场导向"竞争理念转变为"战略导向"，变"满足消费者需求"为"引导消费者需求"甚至"创造消费者需求"，从只关注生产小容量洗衣机以满足小众消费者，到探索生产大容量洗衣机以满足主流消费者，并在营销、成本控制等方面适时创新，渐进式地站稳日本市场。

【思考应用题】

1. 结合案例，分析海尔是如何从产品创新、质量管理创新、营销创新、成本管理创新、战略思维转变等方面成功解决了"走出去"困境，全面进入日本市场的。

2. 列举一个全国连锁企业，谈谈其在某一区域市场开拓方面遇到的困境，试结合海尔"走出去"的经验，提出解决建议。

案例16　从海信品牌国际化谈企业管理决策创新

【摘要】中国家电产业凭借"低成本、大规模"的制造实力，在国际市场迅速崛起，已成为世界家电制造中心。但中国企业并未完全走出代工组装阶段，"中国品牌"屈指可数。自主品牌国际化已成为中国家电企业的必然选择，然而中国品牌常被认为是廉价和低端的代名词，创新能力稍显不足、产品同质化、高端产品竞争力弱等问题突出。海尔、海信、TCL、格兰仕等家电企业都进行了积极探索，走出了各具特色的品牌国际化之路。其中，海信凭借其突出的技术优势、稳健的企业文化、敏锐的市场嗅觉和果断的战略决策，探索出了自有品牌国际化成功之路，也带来了诸多启示。

【关键词】自主品牌国际化；全球化战略；营销决策创新

【适用课程】市场营销；企业管理；管理学；企业文化

【教学功能】决策对于一个企业至关重要。本案例着重探讨企业国际化经营中时机选择、市场选择、品牌定位、营销创新等重要决策，以及本土品牌"走出去"的路径选择。通过本案例学习，学生提高运用管理思维解决实践问题的意识和能力，开阔国际视野。

【思政目标】增强学生壮大民族企业的责任感和使命感，文化自信与民族自豪感。

【案例正文】

一、海信自主品牌国际化的成绩

海信集团成立于1969年，是我国特大型电子信息产业集团公司。旗下有海信电器和科龙电器两家上市公司，拥有海信（Hisense）、科龙（Kelon）和容声（Remsen）三个中国驰名商标。海信率先在国内构架起以家电、通信、信息为主导的3C产业结构，主要产品包括电视、空调、冰箱、手机等消费类产品，以及模具、移动通信、光通信、智能交通系统等产品和服务，形成了以数字多媒体技术、现代通信技术和智能信息系统技术为支撑，涵盖多媒体、家电、通信、智能信息系统和现代地产与服务的产业格局。

海信集团先后经历了稳健经营、积极探索、厚积薄发三个时期，才取得自主品牌国际化战略的成功，目前在全球拥有31家工业园区，23所研发中心。集团不仅面向全球引进高端人才，还促进国内的设计、研发人员"走出去"。海外分支机构覆盖美洲、欧洲、非洲、中东、澳大利亚及东南亚等全球市场，产品远销160多个国家和地区。2021年，海信实现营业收入1755亿元，同比增长24%，海外收入725亿元，同比增长32%；自主品牌占比超过80%。在中国外文局对外发布的《中国国家形象全球调查报告》中，海信连续6年成为海外民众最熟悉的排名前十位的中国品牌。先后成为2016年欧洲杯顶级赞助商、2018年俄罗斯世界杯官方赞助商、2022年卡塔尔世界杯官方赞助商。

二、海信自主品牌国际化的战略路径

海信的品牌国际化之路与国内其他家电企业有所不同，历经品牌预

国际化、品牌初步国际化、自主品牌国际化三个阶段,体现了海信品牌不同时期国际化的战略重点、决策过程和市场表现。

(一) 品牌预国际化——稳健经营

海信于1985年通过山东省外贸公司代理出口产品,开启出口业务,1997年获得自主出口权,1998年成立进出口有限公司,统一管理出口业务。这一时期,家电行业跨国公司的制造产业逐渐向中国转移,加速了行业产品重组与整合。中国制造产品凭借高质量和低成本逐步在全球市场形成优势,国际市场上的价格竞争日趋激烈;但海信并没有急于进行海外扩张,而是专心于本土品牌建设,积蓄力量。

彼时,家电领域的数字化浪潮逐渐兴起,平板电视成为新利润增长的技术制高点,但中国彩电企业因缺乏核心技术,面临整体边缘化的危险。2003年,海信宣布从全国市场撤出非高清电视产品,让等离子、液晶等平板电视产品唱主角。当时平板电视仅占市场份额的4%,其他彩电品牌几乎都未从CRT电视向平板电视转型,彩电巨头TCL坚信CRT时代仍将持续,并收购了法国汤姆逊的CRT彩电生产线。事实证明,海信当时的决策是正确的,从那时起海信电视逐步奠定了国内行业领先地位,这也成为海信未来登陆国际市场的利器。

敏锐的市场嗅觉并未导致海信盲目冒进,而是坚定地走"以技术立企业"的品牌之路,稳健的经营策略为海信的自主品牌国际化奠定了良好的基础。

(二) 品牌初步国际化——积极探索

中国加入WTO后,海信意识到国外同类企业将加快中国市场布局,国际知名品牌将成为消费者追逐对象,本土品牌将集中整合,不能成为强势品牌的中国企业只能沦为制造加工基地。做品牌还是做制造?海信坚定地选择了前者。国际贸易壁垒、国内家电市场饱和、产能过剩等也迫使海信寻找新市场。然而海信品牌的国际知名度不高、规模不足导致成本不占优势,于是海信选择了迅速扩大产能规模和海外投资建厂的策略。即先通过贸易形式积极开发国际市场，当海外市场达到一定规模后，就把握时机将普通贸易方式转变为境外加工贸易方式，以更好地融入当地市场，实现本土化经营。

同一时期，海尔、TCL、联想等中国企业在国际化方面展开了快速行动，而海信则潜心于技术研发。在海信看来，最重要的事情是构建自己的产品系统和增强创新能力，只有这样才能使自主品牌在国际市场立足。当时中国的整机产品很多是原始设备制造商（OEM）加工，并不做品牌，因此国际市场将中国品牌定位为"低价竞争"群体。海信只是选择性地开展 OEM 业务，在规避贸易壁垒、扩大规模的同时，加强品牌建设，将海信品牌的技术、质量、实力展现给世界。通过不断提升自身规模和制造水平，海信集团为实施自主品牌战略投石问路，积累更多经验和渠道，蓄势待发。

在积极探索国际市场期间，海信出口业务一直保持良好发展态势。海外收入增长迅速，2001 年出口额为 1000 多万美元，2005 年增至 3.2 亿美元，增长了 30 多倍。此时海信集团董事长周厚健进一步提出"海信的发展大头在外"，要求主要产品的市场占有率分析必须在全球市场做比较，自此逐渐拉开海信全力开拓国际市场的序幕。

（三）自主品牌国际化——厚积薄发

2006 年，海信明确提出海外自主品牌战略，在整合海信电器、海信科龙和海信进出口公司的基础上，成立海信国际营销总公司。公司对销售人员有这样的要求：就算总收入完成了 100% 增长，如果自主品牌没有达成预定增长目标，也是没有完成业绩指标。海信将自主品牌国际化作为集团发展的一项长远战略来执行。自此，集团内部达成了共识：海信的长远发展在海外，自主品牌国际化战略是海信未来发展的根本。

自实施自主品牌国际化战略以来，在澳大利亚，海信 2006—2009 年的市场年复增长率高达 158.74%，仅用三年时间便从一个毫不知名的新入企业一跃成为澳大利亚排名前五的主流品牌。在南非，海信电视已稳占 10% 的市场份额。2011 年海信在日本成立分公司，开拓日本市场。

同年，海信迪拜办事处正式成立，统筹海信在中东区域的发展。在欧洲，海信不断扩大市场营销网络，在意大利、英国、西班牙、比利时和匈牙利等地设有分公司和办事处，并于 2010 年建立德国区域总部。在美国，海信积极与行业大客户展开有效合作，已经与主流连锁渠道建立了良好的业务关系。在亚洲，海信于 2010 年在马来西亚建立分公司，积极开拓东南亚市场。在北非，海信已经稳居中国家电产品生产商第一的位置。

海信自主品牌国际化战略的成功，得益于海信在进入时机、目标市场和品牌这三个重要战略方向上进行了成功的全球定位。

三、海信自主品牌国际化的全球定位战略

海信在实现自主品牌国际化的过程中，根据市场环境和自身条件制定了独具特色的全球定位战略。与其他家电企业相比，海信在时机选择、目标市场选择和品牌定位上的决策与众不同。

（一）时机定位——相机而动

2006 年，海信以 6.8 亿元完成对格林柯尔持有的科龙股份的收购，增强了在白色家电领域（冰箱、空调）的产品实力，在冰箱和空调领域的中国市场排名一度跃升至第二和第三的位置。海信由此在家电产品结构上达成了平衡，产品制造规模和竞争力都初步具备支撑其全球化进程的能力。经过前期技术和品牌实力的积累以及对国际市场的积极探索，海信品牌国际化的条件已经成熟。然而一向谨慎稳健的周厚健提醒自己，也提醒海信，要时刻规避国际化的两个陷阱：一是急于做大，二是人才不足。企业一定要冒险，但是不能冒生死风险，于是海信更审慎地展开每一步国际化行动。但稳健审慎并不意味着裹足不前，2006 年之后海信相继加速自主品牌国际化进程，逐渐形成了相对比较详细的、有针对性的策略和实施方案，在关键时刻果断出击，取得了显著成效。

2008 年全球金融危机爆发，中国"外向型经济"遭遇严峻挑战。许多企业为抵御风险收缩了业务，而对万事俱备的海信来说反而是一次

机会：危机使得行业和产业发生了剧烈变革，譬如美国电器营销集团"电路城"的倒闭。消费者需要更物美价廉的产品，而不仅是国际一线品牌。这正是海信这样既有实力又有技术的品牌进入国际市场的最佳时机。

2009年，海信经过对"全球风险地图"的分析和研究，对各地市场重新布局，在人力资源、产品规划、营销政策上分别做了针对性设置，进一步加大对海外产品在研发和资源上的倾斜。面对激烈的国际市场竞争环境、汇率大幅波动及欧美主要市场需求低迷等诸多影响因素，在全国出口下降16%的大环境下，海信2009年出口逆势增长17%，总销售收入同比增长近15%，净利润成倍增长，海信的海外市场取得了让业界刮目相看的骄人业绩。

（二）市场定位——另辟蹊径

海信自主品牌国际化战略定位的目标市场，与国内其他家电品牌有所不同，不像TCL那样通过国际收购来实现自有品牌的进入，也不像海尔那样全力以赴地在欧美发达国家建立自有品牌。海信是将国际市场分成四个大区——美洲、非洲、欧洲、亚太，确定澳大利亚、中东、北美、非洲等地区作为自主品牌的先行市场，并把澳大利亚和非洲作为完全自主品牌运作的地区。这与TCL按新兴市场和发达市场来运作全球化的做法不同，与海尔将所有地区都用自主品牌的运作方法也不同。

南非是海信基础最好的海外市场，海信早在1993年就开始了对南非市场的开拓。为规避高达20%的关税，海信于1996年在南非注册公司建厂生产，2000年收购了韩国大宇公司在南非的电视生产线。到2006年，海信在南非已可以完成本地生产和销售服务，实现完全自主品牌运作。

澳大利亚是海信制定自主品牌国际化战略时最早确定的先行市场。2006年，海信明确提出在澳大利亚市场的完全品牌战略，而此时的澳大利亚市场已经非常成熟，日、韩、欧、美等国的高端品牌均已悉数到齐并各自拥有自己的消费群体，竞争异常激烈。海信在澳大利亚市场进行了详细调查,发现消费者品牌导向不强,品牌忠诚度不高,愿意尝试新品牌,这让海信的市场开拓者们发现了机会。此外,澳大利亚是一块相对独立的发达市场"试验田",经济规模适中、人口适中。澳大利亚的成功可以复制到加拿大、墨西哥等国家。某种程度上,拿下澳大利亚市场就等于敲开了发达市场的大门。

以色列市场近似于欧美市场,世界主流家电品牌的集中进入致使该区域的家电销售竞争异常激烈,而犹太民族源远流长的商业传统又使广大终端消费者对品牌的要求极为苛刻。选择如此具有挑战性的海外市场,体现了海信推行自主品牌国际化战略的底气和决心。继上述先行市场之后,海信在其他市场有选择地进行自主品牌运作,逐步在意大利、西班牙、美国和土耳其等国家开展品牌国际化战略。

(三)品牌定位——扬长避短

要实现品牌国际化,必然要与众多国际品牌竞争。继续走低价低端路线还是做高端?企业必须根据市场条件、企业目标和企业能力条件对品牌进行正确、精准定位。对此海信在品牌定位决策时提出了 ABC 三类品牌的思路:A 品牌——高质高价,B 品牌——高质中价,C 品牌——低质低价。海信该如何选择?A 品牌质优价高,主要指欧美日韩的一线国际品牌,技术领先、质量可靠、拥有深厚的品牌积淀,价格自然也高。A 品牌的目标顾客追求品牌效应,愿意花高价购买名牌产品。C 品牌低质低价,产品廉价、低档,摆在主流卖场的角落里,消费者对其已经有了心理价位,不会认真关注其功能、设计和附加价值,这也是中国之前大量出口的 CRT 电视的真实状况。B 品牌——高质中价,在质量、功能、设计和服务上与 A 品牌不相上下,但以略低于前者的售价与之竞争。选择 B 品牌的顾客,是产品价值导向型的消费者,他们会对产品的性价比进行详细分析并作出理性判断。

海信通过分析认为,A 品牌定位符合海信追求高端的目标,而平板电视行业技术的快速更新也给海信带来了与国际竞争对手同步起跑的机会。因此如果品牌定位高端,得到了高端消费群体的认可,海信也可以再逐步往中低层辐射。然而海信产品的质量虽好，但现有的品牌知名度还不足以支撑 A 品牌定位的中高端定价。如果进行低质低价的 C 品牌定位，虽然在进入市场之初较容易获得销售量上的增长和突破，但低价必然导致"低质"，这样不仅伤害自身品牌形象，且极可能导致企业很难再成长起来甚至难以在市场中生存。此外 C 品牌定位也违背了海信一直以来强调的技术创新、追求行业领先地位的战略目标。

由此，海信选择了"高质中价+优质服务"的品牌定位发展战略，具体表现为：产品高质量、高技术、功能先进、外观时尚，售后服务行业领先，具备竞争力的中档价格，锁定主流家电连锁渠道，专业团队，值得客户信任等。海信明确提出"做中国质量最好的品牌"口号，以区别于先期进入国际市场的中国品牌留下的低质印象。

2006 年初，海信开始在澳大利亚等先行市场实施"高质中价"产品定位战略：紧跟世界领先技术，在功能和质量上与三星、索尼等国际一线品牌基本一致，争做中国质量最好的品牌；在服务上体现出最优质的服务；在价格上比上述国际品牌低 15%；在渠道商方面选择在战略上相互认同的"门当户对"的合作者。海信选定了当地排名前四的主流家电连锁渠道商，并逐渐成为当地经销商与强势品牌谈判的筹码之一，同时海信也获得了进入主流渠道的机会，增加和提升了产品销量和品牌形象。

海信品牌产品以高质量、高技术为基础，以一流的售后服务为中端消费者提供服务，以比国际一线品牌更有竞争力的价格，全面进入澳大利亚主流家电连锁渠道，并稳步开展品牌宣传，提升品牌形象。根据各个区域市场发展情况的不同，海信的策略会略有调整，但中高端的品牌定位贯穿于海信自主品牌国际化战略的始终。

四、海信自主品牌国际化战略的营销策略创新

海信长期以来坚持"技术立企、稳健经营"的发展战略，不追求短期的轰轰烈烈，而追求当期利益与长远发展的统一，表现相对沉稳、低调，没有冒进。实施自主品牌国际化战略后，海信在营销策略上进行了大胆突破，在稳健基础上进行策略创新。通过高调的品牌推广、提供顶级的售后服务、实现高度的本土化、进行市场导向的技术创新、积极参与社会活动和技术标准制定等多元化营销举措，助力自主品牌国际化战略的实现。

（一）高调的品牌推广

海信之前的市场推广更多集中在销售终端。实施自主品牌国际化战略之后，为了让渠道商和消费者尽快熟悉和接受海信品牌，海信在澳大利亚和以色列等先行市场进行了多次高调的品牌推广活动，取得了丰厚的回报。2006年，海信冠名了澳大利亚最高电影节大奖 IF Award，时任澳大利亚总理霍华德和当地社会名流都参加了颁奖仪式，大大提高了海信的品牌影响力。

2008年，海信获得原来由沃达丰赞助的澳网公开赛体育馆冠名权，为期6年，这对当时一年只有几亿美元海外市场收入的海信来说确实不是小数，也是当时海信在海外市场最大的一笔推广投入。同年7月21日，澳大利亚墨尔本市中心的澳网赛事体育馆正式命名为"海信体育馆"，这是中国第一次在国际上以企业名称命名的高科技多功能体育场馆。借助著名的澳网赛事，海信进入了全球6亿多家庭的视野，被各大媒体和网站不断提到的"海信球场"也成为澳大利亚家喻户晓的品牌。同年，海信在以色列与实力强大的 EXIT 公司合作，600余块路牌广告一夜之间遍布以色列各大城市的大街小巷；以色列电视台的黄金时段以及主流报纸、杂志上，处处可见海信广告；在各大家电卖场，海信电视和韩国、日本的知名品牌并列摆在最抢眼位置。

2010年，海信代替 LG 成为澳大利亚鲨鱼橄榄球队此后两年的主赞助商，知名度和美誉度再度提升。世界杯期间，海信冠名了位于南非世界杯"绿点"赛场近旁的高达50米的摩天轮，并配备了海信 LED 高清液晶电视；同时在南非率先发布3D电视和3D户外立体广告牌，并进行了系列品牌推广活动。在埃及，海信通过中东最热门的影星 Hiffa 代言,赞助阿尔阿赫利(Al-Ahly)足球队等一系列活动,进一步扩大品牌在埃及的知名度和影响力。

海外市场的消费者非常重视体育和娱乐,上述融入当地文化的高端品牌推广活动,为海信品牌在当地市场的发展赢得了更多机会。通过高调、大手笔的品牌推广和市场策划活动,各地零售商和消费者越来越熟悉并接受了海信品牌。

(二)顶级的售后服务

"海信牌平板电视1800免费服务专线每周7天、每天24小时服务,工作时间2小时内回应客户电话、8小时内登门换机,有故障3年内登门换机服务……"海信澳大利亚公司推出了令当地业界刮目相看的售后服务政策,这在当地被称为"hot swap",是澳大利亚家电业顶级的售后服务。

"海信"品牌进入澳大利亚之初,就致力于提供当地行业最好的售后服务和物流服务,包括先进的1800免费服务专线以及"全天候"服务承诺等。其中仅"3年质量包换、24小时服务热线"的售后服务政策,就让海信在澳大利亚当地超越了所有竞争对手。在物流、仓储等方面,海信与当地专业第三方合作,借助全球一流的财务管理软件,以一流的形象面向客户和消费者。在售后服务方面,海信签约当地最专业的维修公司,并开通24小时服务热线,用户随时拨打电话都会有话务员提供专业解答。电话中可以解决的产品问题或咨询,话务员就会详细回答并解决;若话务员无法解答,则会让咨询技术工程师在之后的两小时之内给予回复(白天);若夜晚打来咨询电话而话务员无法解答,则会在白天与技术工程师沟通后24小时内给予解答;对需登门解决的问题,则承诺在48小时内登门拜访并处理。这样的处理速度和专业服务,在地广人稀的澳大利亚,让当地的合作伙伴和消费者大为赞赏。

2008年全球金融危机后,消费者的购买行为日趋保守,多个消费电子品牌在全球各个市场收缩战线,甚至直接关门,但海信的先进技术、高品质产品和优质服务,使得这场经济危机反而成了"海信"品牌成功扩展的机遇。海信提供的超值服务,增强了与国际品牌的竞争砝码,让合作伙伴和消费者对"中国品牌"的印象有了转变,认可了海信的高端品牌定位。

(三) 高度的文化融合

海信与当地的文化融合主要体现为人才、企业、研发和社会互动的高度本土化。海信在南非、埃及等地建了四个生产基地,以本土化企业的身份融入当地社会;在美国、欧洲建立了研发中心,并于2012年初与美国麻省理工学院媒体实验室签署战略合作协议,力求以最新的开发理念与市场接轨。国际市场各分公司通过参加各种合作和社会活动融入当地,成为本土化的企业。

澳大利亚海信是集团在海外本土化水平最高的分公司。本土化的经营思路,以及与中国总部快速又准确的产品与市场信息沟通,保证了海信在产品功能、质量、设计等方面在当地市场中的持续竞争力。在澳大利亚,海信的"家文化"让员工们改变了原来的生活状态,把海信的工作当成家事一样。当地销售总经理的车子里总是堆满了海信的宣传物资,一有机会就散发和介绍,宣传海信成了他生活的一部分。2009年,面对经济危机,身处澳大利亚的海信员工更像守护家一样守护海信的事业。正是这样忠实的员工群体和与当地市场的高度文化融合,让经济危机成了"海信"品牌在多个市场成功扩展的机遇。

(四) 塑造积极的企业形象

进行国际市场品牌推广的同时,海信也主动承担社会责任,以赢得良好的社会声誉。海信积极推动当地环保事业,并主动加入PSA(Product Stewardship Australia,澳大利亚产品管理组织),与索尼、松下等PSA成员一起,致力于修复和回收废弃电子电器产品,以防它们被轻易地扔进废弃品填埋场而造成环境污染和资源浪费;帮助澳大利亚政府推进为电视供应商和进口商制定的新法律,此举得到了澳大利亚联邦政府官员的高度赞誉。在非洲,海信坚持开展对南非当地孤儿院、儿童医院和敬老院等福利机构的援助活动。海信与南非著名的红十字儿童医院签订了长期援助协议——海信每销售出一台彩电就捐出1元钱，帮助儿童医院修建手术室，这掀起了销售海信产品、赞助儿童医疗事业的大型公益销售浪潮，在南非各界引起了强烈反响。不管是长期的合作伙伴，还是刚刚起步的连锁店，都积极参与、开展了"售海信彩电援助艾滋孤儿"活动，海信也因此更坚实地融入了当地社会。海信在节能环保领域的突出表现更是赢得了社会的尊重。

2011年2月15日，海信成为联合国环境署"绿色创新奖"未来三年的全球首家企业合作伙伴，这也是中国企业首次跻身联合国环境署绿色创新行列。

（五）市场导向的技术创新

依靠技术立企的海信深知，做大海外市场、发展国际品牌要以产品和技术为基础，必须依靠技术实力实现高质量的品质保证。在整个品牌国际化进程中，海信在多媒体、通信、家电等领域实现了"信芯"、液晶模组、LED液晶电视、光模块、智能交通、3G手机、节能保鲜技术等十余项领先核心技术突破。正是这些核心技术上的创新和突破，不仅让海信保持了持续健康、快速的发展，而且有力地支撑了海信"高端产业和产业高端"战略，形成了较强的抗风险能力，在席卷全球的金融危机中实现逆增长。

在澳大利亚，为了开发出符合当地技术环境的产品，海信人开启了一段苦旅：资深工程师带上满满一车的海信电视，沿着公路环游澳大利亚，从新南威尔士州的悉尼出发，到昆士兰，再到维多利亚，凡是遇到市镇和居住密集区，工程师就停车住进汽车旅馆，把一台台海信电视搬进房间，换上插头逐一播放几十分钟，看哪些台信号不好、哪些台搜不到、画质够不够流畅清晰……旅途看似多彩，其实枯燥无比，因为所有的问题都要详细记录，逐一反馈，全部解决。虽然海信电视的实验室已经充分模拟了澳大利亚的环境——电压、温度、湿度、酸碱度，但澳大利亚的有线、无线网络发展成熟，有的地区甚至有几十条信号线路汇聚，不同的信号相互干扰，这是在实验室无论如何也模拟不出来的。海信电视必须通过严格的场测考验、第三方检测，满足各方面质量要求后才能量产，经受住了来自消费者、市场竞争和时间的考验。

(六) 争取国际话语权

海信积极参与国际标准的制定来提升话语权。2009年12月，国际电工委员会平板显示技术委员会年会决定，由海信领头起草LED背光系列国际标准的分规范标准，并与韩国派出的专家共同起草总规范标准，开创了该系列标准由中国企业负责制定的先河。2005年至今，海信已经主持、参与了9项国际标准的制定。随着国际化进程的加快，海信近年来也加强了对于核心技术的全球化保护和布局。仅在2008年，海信就获得了800项专利，其中与LED背光相关的技术就有100多项。2009年，由中国电子视像协会筹划发起的名为DiiVA的新标准（第一版）在4月份公布。这是一个由三星、松下、LG、夏普、富士康等知名企业共同参与的联合项目，海信是这个团队的领导者。

海信还积极参加各种展会，通过海外展会平台推广品牌并参与技术合作。2006年在德国举办的柏林国际消费电子展（IFA），在美国拉斯维加斯举办的国际消费类电子产品展览会（CES）都能看见海信的身影。海信以快速的发展受到全球媒体的广泛关注。

五、挑战与应对

海信持续致力于拓展海外自主品牌，开拓欧美市场，提高欧美市场自主品牌的比重，然而欧美市场一直是各大家电品牌的必争之地，竞争也十分激烈。尤其在欧洲，虽然货币统一，但国家众多，各国家法律法规不同，各个区域的细分市场特点也不同。尽管海信已经通过代工和品牌租赁的方式在美国实现了盈利，但销量依然是最大瓶颈。自主品牌如果没有规模，就无法降低采购成本，也无法完成渠道、物流和服务平台等一整套基础建设。

虽然海信在欧美市场取得了突破性进展，但日韩和欧美的家电巨头依然占据优势地位,随着国内其他家电品牌的国际化进程加速,全球家电市场的竞争将更为激烈。如何进行市场布局和行动决策,是海信正在面临的新考验。

【思考应用题】

1. 结合案例思考:不同战略阶段品牌决策的战略重点和任务是什么?如何解决存在的问题?

2. 海信自主品牌国际化战略成功的关键要素和支持策略是什么?

3. 结合所学案例分析方法,查阅相关资料,列举一家我国本土企业的品牌国际化之路,对比其与海信自主品牌国际化之路的异同。

案例17 从华为的国际化战略布局谈本土企业的全球化运营

【摘要】任正非的国际化运营思想和全球视野使华为构建起"以全球应对全球"的竞争格局。思维上的超越,让华为在进入21世纪之后快速发展成为一家具备全球竞争力的通信设备供应商与服务商。

【关键词】华为模式;全球化运营;国际视野;管理变革

【适用课程】国际商务;创业管理;企业战略管理;管理学

【教学功能】本案例主要探讨企业的发展战略、企业全球化战略决策的动态调整。通过案例教学,学生能理解企业进行战略决策及全球化运营管理的过程、意义,学生或创业者能更好地进行企业战略选择。

【思政目标】弘扬以任正非为代表的优秀企业家精神,激发学生的文化自信与民族自豪感,培育学生勇于创新精神,拓宽学生的国际视野。

【案例正文】

一直以来,华为被看作中国本土企业自主创新和全球化运营的典范。"华为模式"不仅是中国企业学习的样板,也是许多华为全球竞争对手重点研究的内容。任正非是华为的创始人,是"中国最具影响力的商界领袖"之一,也是众多中国本土企业家所效仿的对象。

一、第一阶段（1988—1997）：华为的早期发展

1982年,任正非从部队转业来到深圳,6年后在那里与朋友创建了华为公司,主要经营小型程控交换机、火灾报警器、气浮仪开发生产及相关的工程承包咨询。任正非在发现华为依靠贸易模式不能真正与跨国公司竞争后,开始将精力集中于研发核心技术。任正非认为,外国人到中国是为了赚钱的,他们不会把核心技术交给中国人,而期待我们引进、引进、再引进,本土企业始终不能独立。以市场换技术,市场丢光了,却没有哪样技术被真正掌握。

1992年,华为研制出一台小型交换机。1994年11月,C&C08大型万门程控交换机诞生,并在首届中国国际电信设备展览会上取得较大成功。那一年,华为的销售收入超过亿元。1995年,C&C08程控交换机被大规模商用,华为成为中国农村通信市场主流设备供应商,员工超过1800人,年销售收入14亿元,在中国电子百强企业中位列第26位。1998年,华为的销售收入较1995年增长了6倍,达到89亿元,基本实现了"农村包围城市、最终夺取城市"的战略目标,即华为的核心产品已进入中国所有发达省份和主要城市。

在传统交换机市场,华为超越了西门子和朗讯,与上海贝尔并成为国内最大两家供应商,市场份额达到22%。华为接入网国内市场份额超过50%,智能网、接入服务器等产品国内市场份额超过了30%,以同步数字本系（SDH）为核心的光网络产品市场份额为10%。1998年8月,华为全套全球移动通信系统（GSM）设备通过信息产业部第二阶段测试,开始向移动通信领域扩展。

二、第二阶段（1998—2000）：改造华为

1998年,华为成为中国最大通信设备制造商,公司规模快速膨胀

带来空前的危机和压力。当时的华为取得产品技术突破后，不仅不能打遍全世界，而且在家门口也未必有优势。

任正非一直希望了解国际大公司如何管理。1992年起他先后走访了法国阿尔卡特、德国西门子等行业领先的跨国公司，这些海外访问给他带来很多触动。1997年圣诞节前后，他访问了美国休斯公司、IBM、贝尔实验室和惠普等4家公司，深思熟虑后对华为提出一系列改造计划，奠定了华为全球运营的根基。而任正非的这些改造并非基于"独立自主"或"中国式的"，而是建立在全球视野基础上"整合全球资源为我所用"的发展战略。

（一）改造管理

改造华为内部管理，其内容几乎涵盖了方方面面。任正非强调干部"要把生命理解成一种灵魂和精神，要将这种灵魂和精神注入管理中去。没有这种精神的干部都要下岗"①。

1998年，华为锁定IBM为自己通向世界级企业道路上的学习榜样和战略合作伙伴。首先，借鉴IBM自1993年以来业务模式转型过程中的知识和经验，华为的业务模式由电信设备制造商向电信整体解决方案提供商和服务商转型，以充分发挥华为产品线齐全的优势。接着，大约50位IBM管理咨询顾问进驻华为。5年时间内，华为投入约5000万美元用于改造内部管理与业务流程，还组建了一个300人的管理工程部，配合IBM顾问的工作。

（二）改造流程

1998年，华为与IBM的合作项目"IT策略与规划"（ITS&P）正式启动。项目的主要内容与核心目的是规划和设计华为未来三至五年需要开展的业务流程和所需的IT支持系统，有集成产品开发（IPD）、集成

---

① 老方说：《创业需要有一种精神，任正非：要把生命注入到永恒的管理优化中去》，https://baijiahao.baidu.com/s?id=1669292625839685530（访问时间：2020年6月14日）。

供应链（ISC）、IT系统重整、财务四统一（财务制度和账目统一、编码统一、流程统一和监控统一）等8个项目。2000年，华为引入IBM集成供应链管理（integrated supply chain management），对公司的组织结构进行调整，成立了统一的供应链管理部，包括生产制造、采购、客户服务和全球物流。

（三）改造企业文化

任正非认为，管理变革的困难真正出现在"体用之争"层面。华为引入IBM的管理方法被看作是纯粹西方的管理理念，但公司内部的思维方式仍然是"中国式"的，或者说是"过去的华为式"的。这种"中学为体、西学为用"思维在员工层面形成了"体用割裂"的行为方式，改造起来非常困难。

在选择企业文化的问题上，任正非强调东方智慧固然重要，但要实现华为的国际化，必须实现"道术合一"。华为要超越"体用之争"，把企业文化融入制度，而这种企业文化与制度的融合过程本身就需要一种新的催化剂——人的职业化。华为借助一系列手段，如任职资格制度、5级双通道职业发展路线等来提升员工职业化水平。最终，华为的员工职业化与管理变革成为一个方向上的两条线。职业化的人与管理创新之间的"排斥反应"大幅减少。

三、第三阶段（2000年以后）：全球化运营

2000年，任正非提出，华为要成为世界级企业，海外市场收入要在5年之内超过总收入的50%。2001年之后，华为将是否愿意主动投身海外市场作为选拔和晋升干部的一个重要标准。在薪酬和福利待遇方面，华为向海外市场人员倾斜，其奖金可以是国内人员的3~5倍，津贴根据地区差别从50美元/天至2000美元/天不等。在一些危险地区，如伊拉克、阿富汗，员工年津贴可能达到几十万元。华为鼓励员工家属到海外探亲，每年报销3次往返机票。如果家属愿意，还可以在海外陪同。对于在海外市场工作满3年的员工，可一次性获得15万元的安

家费。

华为公司于 1999 年在印度班加罗尔设立研发中心，该研发中心分别于 2001 年和 2003 年获得 CMM4 级认证、CMM5 级认证。2000 年在瑞典首都斯德哥尔摩设立研发中心。2001 年在美国设立四个研发中心，加入国际电信联盟（ITU）。2003 年与 3Com 成立合资公司，专注于企业数据网络解决方案的研究。2004 年与西门子成立合资公司，开发时分同步码分多址（TD-SCDMA）解决方案，并获得荷兰运营商 Telfort 价值超过 2500 万美元的合同，首次实现在欧洲的重大突破。

2005 年，华为与沃达丰签署《全球框架协议》，正式成为沃达丰优选通信设备供应商。同年，华为成为英国电信（BT）首选的 21 世纪网络供应商，为 BT 21 世纪网络提供多业务网络接入（MSAN）部件和传输设备。

2006 年，华为与摩托罗拉在上海成立联合研发中心，开发 UMTS 技术。

2007 年，华为与赛门铁克成立合资公司，开发存储安全产品与解决方案；与 Global Marine 成立合资公司，提供海缆端到端网络解决方案；2007 年年底成为欧洲所有顶级运营商的合作伙伴；推出基于全 IP 网络的移动固定融合（FMC）解决方案帮助电信运营商节省运作总成本，减少能源消耗。

2008 年，华为首次在北美大规模应用通用移动通信系统/高速分组接入 UMTS/HSPA 网络，为加拿大运营商 Telus 和 Bell 建设下一代无线网络。

2010 年，华为全球部署超过 80 个 Single RAN 商用网络，其中 28 个已发布或即将发布 LTE/EPC 业务；在英国成立安全认证中心，与中国工业和信息化部签署节能自愿协议，加入联合国世界宽带委员会；获英国《经济学人》杂志 2010 年度公司创新大奖。

2011 年，华为宣布与英国最大移动运营商 Everything Everywhere（EE）签署合同，全面升级 EE 在英国的 GSM 2G 网络。这是华为在英国获得的首个大规模无线网络合同，为期四年。

2012年，华为持续推进全球本地化经营，增加了在欧洲的投资，重点加大了对英国的投资，在芬兰新建研发中心，并在法国和英国成立了本地董事会和咨询委员会。在3GPP LTE核心标准中贡献了全球通过提案总数的20%。发布业界首个400G DWDM光传送系统，在IP领域发布业界容量最大的480G线路板。和全球33个国家的客户开展云计算合作，并建设了7万人规模的全球最大的桌面云。推出的Ascend P1、Ascend D1四核、荣耀等中高端旗舰产品在发达国家热销。

2013年，华为全球财务风险控制中心在英国伦敦成立，监管华为全球财务运营风险，确保财经业务规范、高效、低风险运行；华为欧洲物流中心在匈牙利正式投入运营，辐射欧洲、中亚、中东非洲国家；华为作为欧盟5G项目主要推动者、英国5G创新中心（5GIC）的发起者，发布5G白皮书，积极构建5G全球生态圈，并与全球20多所大学开展紧密的联合研究，对构建无线未来技术发展、行业标准和产业链积极贡献力量。华为持续领跑全球LTE商用部署，已经进入了全球100多个首都城市，覆盖九大金融中心。

2014年，华为在全球9个国家建立5G创新研究中心，承建全球186个400G核心路由器商用网络，为全球客户建设480多个数据中心，其中有160多个云数据中心。华为的全球研发中心总数达16个，联合创新中心共28个；在全球加入177个标准组织和开源组织，在其中担任183个重要职位。在光传送领域，华为与欧洲运营商共同建设了全球首张1T光传送网（OTN），与英国电信合作完成业界最高速率3Tbps光传输现网测试。

2015年，华为宣布在比利时鲁汶成立华为欧洲研究院，这是华为实施全球创新战略过程中的重要举措。欧洲研究院将负责管理华为在欧洲不断发展的研发分支，协调华为分布在欧洲八国18个研究机构的工作，主要聚焦于新一代网络技术研究。

华为承认，在欧洲市场的拓展是把自己送进了学校。任正非将此看作"把华为送上海外市场去磨炼"。

从华为的国际化战略布局可以看出，这段"痛苦的进化过程"更多情况下被看作对思维方式的挑战。这不仅仅指东西方之间的思维差别，还包括华为一直致力于打造的"以客户为导向"的思维方式。任正非强调超越"体用之争"，就是一个系统地学习全球化商业规则、语言甚至思维方式的过程。

【思考应用题】

1. 华为在哪个阶段奠定了全球化运营的根基？它是如何奠定的？
2. 结合国际企业战略理论，思考全球化运营战略对本土企业发展的有利及不利影响有哪些。
3. 结合案例谈谈管理者特质对组织决策会产生哪些影响。

案例18　从比亚迪"跨界抗疫"谈企业文化对决策的影响

【摘要】疫情爆发后，众多企业临时转型，自发加入防疫大军，其中比亚迪宣布援产口罩、消毒凝胶。疫情爆发后一个多月，比亚迪就宣布其口罩产线和消毒凝胶产线均处于满负荷运转状态，日产能分别实现了500万只和30万瓶，有效缓解了我国防疫物资紧缺的情况。这意味着，作为全球最大的新能源汽车公司之一的比亚迪又获得一个新的身份——全球最大量产口罩工厂。比亚迪作为"中国制造"的典型代表，充分体现出大企业经世济民的家国情怀和责任担当。

【关键词】比亚迪；跨界抗疫；企业文化；决策

【适用课程】成本管理；企业文化；管理学

【教学功能】本案例涉及决策的过程与决策的动态调整、固定成本与变动成本、决策的影响因素等知识点。通过案例教学，学生培养管理思维，以及运用管理理论分析和探究管理实践问题的能力。

【思政目标】弘扬以王传福为代表的比亚迪企业家精神，增强学生的爱国情怀和社会责任意识，培育学生敢打敢拼、团结协作的团队精神。

【案例正文】

2020年1月疫情爆发后，口罩成了最紧缺的防护物资之一，除此之外，消毒液、防护服等也出现短缺。应抗疫所需，众多企业加入了口罩的生产大军。例如，车企比亚迪于2020年2月8日宣布援产口罩、消毒凝胶。仅过去一个多月，比亚迪就向外公布，其口罩产线和消毒凝胶产线均处于满负荷运转状态，日产能分别实现了500万只和30万瓶，优先供应医院、公安、政府机构等抗疫一线部门，有效缓解我国防疫物资紧缺情况。这意味着，作为全球最大的新能源汽车公司之一的比亚迪又获得一个新的身份——全球最大量产口罩工厂。

据比亚迪透露，生产口罩的工厂位于深圳龙岗区的比亚迪宝龙工业园，是一个拥有完备、先进制造产线的现代化厂区。之前该工厂一天可生产50万台高端手机，仅用一个月就建起了一个与电子设备毫不相干的"特殊"车间，生产一种"特殊"的产品——口罩。上百个工人每天两班倒，机器昼夜不停。

一、7天造出口罩机，援产口罩

2020年春节，疫情导致复工延后，很多人度过了一个超长假期。然而对于比亚迪董事长兼总裁王传福来说，这段时间却比以往任何时候都要忙碌。王传福亲自盯口罩生产线，这种事情他也只在20多年前公司刚成立时做过。

2020年1月底，在向湖北省捐赠1000万元现金、为抗疫前线人员捐赠价值100万元防护物资的同时，比亚迪决定为助援抗疫生产口罩、消毒凝胶。比亚迪迅速组建研发团队，成立由王传福任责任人的专项小组。从那之后，泡在实验室、调设备、盯产线，成了王传福的工作日常。

这项防疫物资援产任务，集结了比亚迪从新能源汽车到电池、从电子到轨道交通，几乎各个事业群的精锐。集团 12 个事业部的一把手和包括研发、设计、加工等多个工作线的 3000 多位工程师，以及春节期间留守深圳的其他员工，在一个多月时间里，克服重重困难，创造了一个又一个惊人的"比亚迪速度"。他们用 3 天时间画出了 400 多张设备图纸，用 7 天时间完成了口罩机生产设备的研发制造。而在市面上造一台口罩机，快则要 15 天，慢则要 30 天。负责消毒凝胶研发生产任务的比亚迪技术研究院，在院长宫清博士的带领下，用 6 天时间就完成了医用级免洗手消毒凝胶的产品研发，8 天后产品量产下线，2020 年 2 月 16 日当天发运至奋战在一线的抗疫人员手中。不到两周，比亚迪完成了往常需要 2 个月才能完成的工作。

二、日产 500 万只口罩背后的"猛操作"

事实上，比亚迪之所以能在极短的时间内完成跨界产品的产线布局并快速实现量产，除了公司上下夜以继日的不懈努力外，更重要的原因是其拥有强大的研发实力、制造实力和创新力。

与其他所有产品一样，口罩的生产离不开生产线和原材料，而口罩产线需要洁净房和设备。对于前者，比亚迪有现成的手机组装生产车间，只要对净化等级做提升就可直接用作生产口罩的净化室，但设备因春节期间市场上买不到、订购交货周期太长，一度成了瓶颈。为了解决这一难题，比亚迪完成了一系列让外界瞠目的"硬核"操作——自己造口罩机，且一天能造出十几台。

"一条口罩机的生产线，各种齿轮、链条、滚轴、滚轮大概需要 1300 个零部件，其中 90%都是比亚迪的自制件。"[①] 比亚迪总裁办主任李巍介绍。背后的支撑则是比亚迪从成立之初，组建的一支专业的装备研发和制造团队，他们一直从事电子、电池、新能源汽车等复杂生产线及设备的自主研发、制造工作。整个集团有几万个加工中心，更有各种

---

① 福布斯中国：《7 天造出口罩机，比亚迪日产 500 万只口罩背后的"猛操作"》，https://www.forbeschina.com/business/47677（访问时间：2020 年 3 月 13 日）。

各样的磨床、模具等高精设备。强大的硬件条件和专业技术人员储备，让比亚迪具备了开展大批量精密制造的能力和丰富经验。

以比亚迪电子业务为例，高端手机对质量、防水性等各方面要求非常高，对相应的模具、自动化设备、制造工艺等的要求也非常高。也就是说，比亚迪其实是用加工高端精密产品的设备去加工口罩机的，做出来的精度、质量各方面都远高于口罩的要求。

根据食品药监部门的鉴定，比亚迪生产的口罩质量远高于行业同类口罩。真正让比亚迪感受到压力的不是产品投产前的准备，而是如何快速扩大产能以满足社会需求。在向外界释放援产口罩的消息之后，订购需求从四面八方涌来。在强烈的责任感和使命感驱使下，比亚迪生产的口罩以每天30万到50万片的速度增加，每天5~10台新口罩机器能实现量产，2020年已达到每天500万只口罩的产能，这相当于之前全国产能的1/4，比亚迪成了目前全球最大量产口罩工厂。

三、捐款捐物、做好后勤，打好疫情阻击战

疫情当前，比亚迪用跨界援产口罩、消毒凝胶的举动发出了自己最有力的战"疫"宣言。实际上，在此之前，比亚迪一直向抗疫一线捐款捐物，联合合作伙伴为抗疫提供保障，与全国人民共克时艰。

2020年1月24日，武汉市城市公交、地铁、轮渡、长途客运暂停运营的次日，比亚迪旗下绿动出租车携手比亚迪和滴滴合资公司亚滴出行，召集数百名出租车、网约车司机，组成医护保障车队、社区保障车队，逆行走向抗"疫"前线，承担了全市40%的运力，保障了武汉市民及医护人员的基础出行。1月26日，武汉市中心城区区域实行机动车管理后，该医护保障车队、社区保障车队更是成为市民基础出行的重要力量。

2020年1月28日，比亚迪慈善基金会紧急向湖北捐赠1000万元资金，主要用于为湖北省采购防疫物资，支持湖北省开展疫情防控工作，帮扶在疫情防控一线的医护人员，以及用于疫区学校的防治保障、因疫情影响的贫困学生家庭资助等。与此同时，比亚迪全力协调海内外资

源，发挥海外分公司驻地资源优势，从巴西、智利、美国等国家紧急采购价值 100 万元的 N95 口罩、防护服等医用防护物资，运回国内，分批次捐赠给医院、机场、公共交通等需求大的领域。

2020 年 2 月 7 日起，比亚迪为全国近百个城市出租车司机送"安全"，之后又先后为奋战在抗疫前线的深圳市公安交警，防疫物资紧缺的安徽省无为市，深圳市船代学会、货代协会，珠海机场、湖北应城市人民医院等多家单位捐赠了口罩和消毒液。截至 2020 年 3 月 10 日，比亚迪已累计向湖北及其他受疫情影响地区参与及支援抗疫工作的 96 家单位和公益组织捐赠口罩超过 500 万件。

【思考应用题】

1. 比亚迪疫情防控期间决定"跨界抗疫"，从生产汽车转向生产口罩，能否盈利？

2. 结合案例，谈谈企业家精神、工匠精神在企业决策中的重要作用。

3. 比亚迪"疯狂的口罩"精神是什么？对于当代大学生有何启示？

模块四 组织篇

本篇主要围绕组织设计、组织中的人员配备、组织文化等重点难点内容挖掘思政元素，选取代表性教学案例。本篇案例旨在帮助学生深入理解组织设计的主要任务及影响因素，掌握如何整合正式组织与非正式组织、科学配备人员，理解组织文化的功能与作用，掌握塑造组织文化的方法。同时，在教学中有机融入中华优秀传统文化、企业家精神及劳动教育元素，旨在对学生进行爱国主义精神教育，弘扬企业家的爱国、责任、奉献、担当、创新精神，促进学生树立爱岗敬业、诚实守信、精益求精的职业观和正确的劳动价值观。

案例19　从非正式组织与正式组织的关系，深谈组织文化的塑造

【摘要】 非正式组织是管理学中的概念，后来广泛应用于各个领域。管理学的起源与发展，起初主要是资本家们关于如何提高生产效率的思考，而后受一场著名的实验的影响，即霍桑实验。梅奥通过霍桑实验提出"人际关系"理论，为行为管理学和管理心理学的形成奠定了实验和理论基础。在西方心理学界，他被公认为工业心理学的创始人和管理心理学的先驱。

【关键词】 正式组织；非正式组织；组织文化的功能与塑造

【适用课程】 组织行为学;管理学;市场营销学;企业文化

【教学功能】 本案例涉及非正式组织对于正式组织的影响,同时也嵌入如何塑造组织文化等内容。通过案例学习,学生理解并掌握非正式组织的作用和组织文化塑造重要性。

【思政目标】 促进学生树立正确的职业观。

【案例正文】

一、非正式组织概念的提出

霍桑实验是1924年美国国家科学院全国科学委员会在西方电气公司所属的霍桑工厂进行的一项实验,目的是弄清照明的质量对生产效率的影响,但未取得实质性进展。在此基础上1927年,哈佛大学的梅奥教授和他的同事应邀参与霍桑实验研究,后续一系列实验就由梅奥主持。

霍桑实验的结论主要有四个:第一,职工是"社会人"。霍桑实验证明生产效率主要取决于职工的积极性,而积极性受职工的家庭和社会生活以及企业中人与人之间关系的影响。第二,非正式组织在组织内部广泛存在,同样影响职工的感情与工作积极性。第三,尊重的重要性。人是企业发展的动力之源,因而要重视与员工的沟通,尊重员工。第四,新型领导能力在于提高员工的满意度。领导要了解员工的需求,正确地激励员工。

二、案例分析材料

材料1:小张就读于一所重点大学,学习企业管理,成绩优异并多次获得奖学金。2022年顺利毕业后通过校招顺利进入某企业的人力资源部。小张对这份工作感到满意,决心要有所作为。因此,他总是提早到办公室,上班期间积极主动承担各种工作任务,下班后还深入学人力资源部办公室由五人组成,包括主任甲、副主任乙和三位年长的办事员A、B、C。起初,老员工们担心新来的年轻人难以相处,认为他业务不熟且需指导，无异于来了个累赘。然而，小张以热情、谦虚和易于相处的态度打破了他们的顾虑。小张拥有专业背景，且学习能力强，迅速掌握了业务，减轻了同事们的负担。他的勤勉赢得了老员工们的喜爱，主任和副主任也常在会议上表扬他。

可是聪明的小张发现，随着科长表扬的次数增多，几位老同志对自己越来越冷淡。有一次，忙着赶材料，B居然冷冷地对他说："就你积极！"小张一时间丈二和尚摸不着头脑。

半年后，小张成功转正。办公室年终考核中，人力资源部因其高效完成任务被评为"优秀部门"，并增加了下一年的工作量。老同事们因小张的到来减轻了工作压力，但发现表扬总是归于小张，感到不满。2023年第一季度，小张被评为先进个人，导致A、B、C三位同事对他的反感加剧。

自此，几位老同事不再邀请小张参加活动，私下里批评他。小张听到这些话后感到伤心，不明白为何自己的努力会招来怨恨。他向隔壁部门的老王诉说，老王告诉他"枪打出头鸟"，暗示小张的积极态度可能给他人带来压力。小张这才意识到自己的行为可能破坏了办公室的平衡。

从此，小张学"乖"了，主任不布置的任务，再也不过问了；一天能干完的事情至少要拖上两天甚至三天。办公室又恢复了平静与和谐，先进个人大家开始轮流坐庄，几位老同志见到小张的时候又客气起来了，集体活动也乐意邀请上他。小张觉得，这样很清闲，与大家的关系也好多了，心理压力骤减，生活也重新有了快乐。

材料2：互联网时代，员工和企业之间是一种联盟关系，前员工俱乐部就是承载新联盟关系的容器。天下没有不散的筵席，员工离职属于正常现象，阿里、腾讯每年也都有很多同学"毕业"。这些企业也存在着几个大名鼎鼎的"毕业生组织"：阿里的"102班""前橙会"，腾讯的"南极圈"，百度的"百老汇"，京东的"东成西就"，等等。此处介绍阿里的"102班"和阿里的离职管理体系。

（一）从"前橙会"到"102班"

2010年，阿里离职员工圈开始出现，主要通过QQ群把对老东家有感情的员工聚到一起，发展到后来人数越来越多，逐渐成长为一定规模的组织团体，起名为"前橙会"。其中的"橙"来源于阿里Logo、工服颜色，寓意相同的公司背景，而离职员工们也以"橙子"自称。

前淘宝网创始人之一、福云创咖负责人寿远组建了一支小规模团队，全职化运作前橙会。位于杭州天目山路的福云咖啡馆，俨然成为阿里离职员工的大本营，时常举办丰富多彩的线下活动。

2018年年底，阿里校友会被正式命名为"102班"，马云、张勇、井贤栋、童文红以及校友代表卫哲、邓康明共同为阿里巴巴"102班"揭牌，这是所有离开了阿里巴巴的阿里人的共同名字。马云说道："102班是全体阿里人对未来的承诺。我希望未来中国的500个好公司中，有200个CEO来自阿里巴巴。"[①] 他甚至直言，即便校友加入腾讯、百度、京东，阿里也不会生气，只希望他们把阿里"让天下没有难做的生意"的使命感带过去。据统计，阿里巴巴集团成立19年以来已经有超过10万的毕业"校友"投身到各个领域，而这些"校友"的工号和花名也会在阿里永久保留。

（二）阿里巴巴离职管理体系

在阿里看来，当今社会没有哪一个人会在一家企业工作一辈子，所以阿里从不排斥，也不忌讳和员工谈离职。阿里从员工入职时就开始做该员工的离职管理，这么做不但没有造成负面影响，反而带来了很大优势。阿里离职管理的几个步骤如下。

第一步：建档案。阿里离职档案管理模式，是把员工从面试开始的面试表、考核表、转正申请表，以及每月绩效考核表、员工的各种奖项

[①]《阿里巴巴成立"102班"！马云希望未来中国500个好公司，有200个CEO来自这个班》，https://www.163.com/dy/article/E1AGJ7D20518HGMR.html（访问时间：2018年11月23日）。

等都进行完整保存。这个档案在离职系统起到非常大的作用,那怎么用好这个档案库呢?

第二步:离职冷静期。阿里的管理人员在上岗前都要学习离职管理体系,其中最重要的一个环节就是——碰到下属离职时,管理人员应该怎样处理。

当某员工提出离职申请时,阿里会根据这名员工的职位和岗位级别,对应一个离职考虑的"冷静期"。基础员工离职,离职考虑时间为2个小时;基层管理人员离职,考虑时间是4个小时;中高层管理人员离职的冷静时间,是1~3天不等。也就是说只要有员工提出离职,阿里都会给员工一个缓冲期,时间从2小时到3天不等。

以基础的技术岗位员工申请离职为例,这时领导会跟他说:你稍等我两个小时,这两个小时你去好好考虑一下,两个小时之后再来告诉我思考结果。在这两个小时里,该领导会调出这名员工的档案,快速浏览整个档案内容,重点关注以下几项:一是他入职阿里的时间;二是他培训时的突出表现,获得了哪些奖项等;三是他的转正时间,要精确到年、月、日,还有在阿里期间与他相关的荣誉和重要事件。

第三步:离职面谈。若这名员工思考两小时后回来说:"我考虑了一下,觉得之前有点冲动了,我还是想继续留在阿里干。"那这时,这名员工的离职是不成立的,按照一般公司的做法,可能就当离职之事没发生过。但在阿里,领导需要向公司申请一份表格,叫员工心态异动表。这张表上会详细地记录这名员工在某年某月某日提出过离职,沟通结果是什么;同时给公司人力资源部一个反馈,让他们看看最近这段时间是不是公司出了什么问题,哪一块出了问题,给了员工不安定的感觉。公司的管理就像产品一样,得到用户体验反馈,及时改进,这才是企业成长的关键。

若员工考虑两个小时后,依然决定离职,这时就会正式进入离职流程。阿里非常人性化:他们首先是感谢——根据档案系统记录,感谢员工这么多年来对公司的贡献,清晰说明员工从入职到离职的天数;然后是肯定——肯定员工创造的价值和曾获得的奖励。

阿里离职管理的核心是做人心工作。在员工离职的最后时刻，公司还在创造让员工觉得很好的体验，还在考虑给员工上一课，让他们知道要慎重决定以及要为决定负责等。上述程序走完之后，员工才开始根据程序跑整个离职流程。

阿里对于离开后的员工依然有自己的一套管理体系。一是保留工号。就像NBA明星球员的荣誉号码一样，员工虽然离职，但其在阿里的工号会被永远保留。二是保持链接。阿里公司会发微信和邮件给离职员工，确认常用的联系方式，让员工离职后依然感觉到自己与阿里之间存在链接。三是召开离职员工大会，阿里每隔两年会举办离职员工大会，会上马云依然会不断地感谢这些曾经在阿里工作过、付出过的人，感谢其对阿里的付出。四是做"102班"生态圈。离职员工对阿里的文化、状态、价值观都是最了解的，大家能够在这个生态圈里面找到适合自己的立足点，重新创业或展开合作。

阿里巴巴的种种做法折射出其对前员工的态度，也是其企业文化的具体表现。任何在阿里工作过的人恐怕都不会忘记入职培训：新员工会给自己起一个"花名"，收到一本名为"百年阿里"的小册子，然后开始至少一个月的"精神洗礼"。那些不能全面接受阿里文化的人，可能会视之为"洗脑"，甚至在这个阶段就离开；对阿里文化感到适应的人，则如鱼得水，就职多年。例如，阿里入职培训中有一个"破冰"环节，外界有许多夸大其词的报道。真实的"破冰"则是为了迅速拉近新员工的距离、让他们快速融入阿里的组织。在集团培训结束后还会对员工进行业务部门专业化培训，时间往往会持续一年之久。

【思考应用题】

1. 结合材料1和材料2，分析非正式组织对正式组织绩效有何影响，以及企业如何借助非正式组织提升企业效率。

2. 结合材料1和材料2，思考：随着信息化和智能化不断加速，企业文化在管理中的作用会被放大还是削弱?为什么?

3. 根据所学案例分析方法,列举一个非正式组织存在并影响管理实践活动的现象。

案例20 从美的集团组织模式转型谈组织结构变革

【摘要】本案例从组织体制演变的角度,描述与分析了美的集团的多业务管理及组织模式的转型。案例正文首先概述美的集团由集权的职能制到分权的事业部制,再到控股型公司体制的演变过程,以及分权后集团的业务及战略协同、母子公司关系及集团管控方式等问题。然后,分析美的集团对销售渠道组织模式的重构。最后,引导学生对大规模、多产业、多区域、多层级分权经营的企业如何进行组织管控展开探讨。

【关键词】美的集团;组织变革;事业部制;集权与分权

【适用课程】组织行为学;管理学;市场营销学

【教学功能】本案例涉及组织设计、组织的集权与分权、组织发展与变革等知识点。通过案例教学,学生理解组织设计中部门化与职责权限间的关联,以及组织设计的影响因素;识别、分析多元化经营企业在向事业部制演进过程中可能遇到的困难及应对的方法,能对特定阶段组织变革的方案进行科学评价。

【思政目标】引导学生养成系统、创新、开放的管理思维;加强学生对于壮大本土企业、做强民族品牌的责任感和使命感。

【案例正文】

一、美的集团事业部制的演进与权力收放之道

美的集团于1968年创办时,只生产塑料瓶盖。1981年切入风扇业,开始进入白色家电领域,正式启用"美的"品牌。1985年成立美

的空调设备厂后,进入了暖风机、电饭煲、电机等新家电领域。在产品线大量增加的同时,员工队伍迅速扩大,销售区域不断拓展。然而,美的在当时实行直线职能部制。公司统一负责所有产品的研发、生产和销售,各项业务经营决策权、指挥权和资源调配权都集中于高层领导。由于高度集权,企业高层管理者将过多精力放在经营管理上,整个集团的长期战略规划欠缺。同时,中层管理人员既不负责企业政策的制定,也不负责政策的执行,只起"上传下达"作用,既影响了工作积极性,也易造成企业对市场反应灵敏性降低、经营决策失误等问题。1990—1994年间,美的空调销售量位居全国第三;但到了1996年,美的经营业绩首次出现大幅下滑,空调销售量排名下跌至第七位。

以董事长、总裁何享健为首的美的高层经过调研和反复论证,最终决定通过放权的方式导入事业部制。1997年1月,美的空调业务从总体业务中分离,成立了空调事业部;7月,风扇事业部应运而生;之后陆续成立了电饭煲、电机和小家电事业部。在此后的运行中,何享健发现,风扇与电饭煲这两类产品的销售和服务网络具有很强的兼容性和互补性。为优化资源配置,美的在1999年将风扇事业部和电饭煲事业部重组为美的小家电事业一部,原本的小家电事业部更名为小家电事业二部。随着公司业务拓展,新上市的饮水机、微波炉又和风扇、电饭煲一起组成了家庭电器事业部,直至2002年才拆分。这样一来,按照经营产品不同,美的逐步地建立起了包括空调、家庭电器、压缩机、电机、厨具5个事业部的组织体系。各个事业部在集团统一领导下,拥有自己的产品和独立市场,享有极大的经营自主权。从机构上说,每个事业部由多家企业构成,各事业部管理层设有市场、服务、计划、财务、经营管理五大职能模块。事业部制的建立,使美的集团总部从日常管理中解脱出来,集中抓总体战略决策、人事以及市场协调等工作。

当时国内一些企业在实行了事业部制后,往往因分权不当而造成经营无序、混乱,万宝公司就是前车之鉴。与当时在"一抓就死"和"一放就乱"两难选择面前不断徘徊的企业不同,美的集团创始人何享健深信对一个组织来说，群策群力的效果永远高于领导者的亲力亲为。他认为，放权是组织规模扩大后的必然结果，高明的领导者既要舍得也要懂得把权力释放出去。于是，美的集团构建了事业部制组织框架后，就开始进行分权制度的建设。

何享健不仅对规模已发展到拥有30亿元销售收入的空调、风扇、电饭煲等五大类、1000多种产品的美的实行分权体制的必要性有着清晰的认识，还在推行事业部制过程中不断尝试和调整什么样的权要"集"，什么样的权要"分"。现已广为人知的十六字诀"集权有道、分权有序、授权有章、用权有度"，就是何享健对美的推行事业部制原则的总结。所谓"集权有道、分权有序"，就是指企业领导人在集中关键权力的同时，要有程序、有步骤地考虑放权。但对于授权给什么人、该人具体拥有什么权力、操作范围有多大、流程如何，何享健强调应该"有章可循"。这种对于权力的分配，既能防止权力过度集中，又能杜绝放权后的权力滥用和失控。

何享健认为，在外界竞争环境快速变化的情况下，只有把决策权放在最早也是最直接接触信息的地方，才能带来真正高效的执行力。同时他也强调，企业分权需要具备一些必要的条件：一是要有一支高素质的经理人队伍，能够独立担当重任；二是企业文化氛围的认同；三是企业原有的制度比较健全、规范；四是监督机制非常完善。

为了确保"授权有章、用权有度"，美的订立了厚达70多页的分权手册，不但明确规定了美的集团和事业部之间的定位和权限，还事无巨细地阐明了整个美的经营管理流程中的所有重要决策权的归属，为美的分权提供了制度化的保障。这样，从何享健本人开始，各层管理者每个人都清楚自己的权力边界，明白什么时候自己该做出决策，什么时候该收放权力，用影响而不是控制来保障分权的成功。

按照分权手册的规定，美的事业部总经理享有很大的自由度。分权制度刚开始实行时，有些事业部负责人不适应，觉得手中的权力大到令人不敢相信。一日，一位总经理需要审批一个几千万元的生产计划项目，虽然在授权范围内，但由于数目过大，出于谨慎，他还是去找何享健请示。何总给他的答复很简单：这在你的权限范围内，你自己拿主意！更让这位总经理没想到的是，之后随着事业部规模的扩大，他的权限还在继续增大，几个亿的资金在他们手里流进流出也司空见惯。因为按照分权手册的规定，随着业务规模的扩大，事业部总经理手里的资金审批权也将不断放开。

但是，事业部的权力并非没有边界。在一些不属于事业部权限的方面，事情再小，事业部总经理也不能擅自决定。比如，事业部总经理可以决定1000万元的营销计划，但是10万元的投资项目需要经过集团审批。可以说，美的分权制度的另一面就是把最核心的重要决策权保留在集团总部。美的各个事业领域的投资是由集团统一管理的，事业部每年都要提前上报投资规划，由集团企划投资部根据一年的投资规划做统一安排。而且，美的集团还在总部设立了资源管理中心，控制集团的资产，并对利润和资金进行集中管理。投资权力的集中并不等于削弱集团的投资调控能力。

权力的背面是责任。美的集团事业部在得到授权的同时，也承担着巨大的经营责任。万一业绩不佳，整个部门领导要一起引咎辞职。通常，年初事业部总经理要和集团总部签订责任状，确定当年应该完成的业绩指标，年终则根据这些指标来考核。为加强管理控制，美的订立了集团—事业部分权手册、经营信息报送规范、月度经营汇报会、年度/半年度经营总结会、高层经营管理人才述职质询会，以及项目投资、财务管理、审计监督（包括财务、制度、流程、离任等审计）等制度和流程，并实行严格的责任追究机制。

为了确保集团形成的张弛有度的责权结构的分权手册具有实时性、有效性，美的集团通常每半年就对相关制度进行一次分析和调整，这是美的对待"制度条款"的惯例。其调整的原则是：去粗取精，把一些不合理的项目加以调整或删除，并且进一步推动分权的简化和向下。像美的微波炉事业部的总经理，过去可能每年要审批200多项内容，而随着事业部业务渐渐迈入正轨，他所需要直接审批的项目就只有 70~80 项了。不断向下推动分权，使美的应对环境变化的能力极大增强。

分权的事业部制的实施，使美的集团经营绩效飞速提高。1998 年美的销售总额达 50 亿元；1999 年达 80 亿元；2000 年突破百亿大关，达到 105 亿元；2001 年达 143 亿元，是 1997 年的 4 倍多。1997—2001 年间，美的空调销售连续 5 年跻身国内市场前三名，牢牢占据着第一阵营的位置。

自从建立事业部制以来，美的管理体制一直处在调整中。在通过分权明确集团总部与产品专业化的业务经营单位之间的权责关系后，随着海外市场的拓展，生产经营过程各环节之间的协调也日趋复杂。2000 年，美的开始全面推行"事业部的公司化改造"，使事业部内部的部门按二级子公司模式来运作。继小家电事业部的试点后，2001 年 8 月，美的在空调事业部下成立了国内营销本部、海外营销本部和制造本部。按照"公司化"运作的设想，营销本部作为制造本部属下各个生产厂及子公司的"顾客"，与制造环节之间的关系由单纯的产销关系转变成买卖关系。而在将销售环节问题交由两大营销本部全权负责后，制造质量和设备质量造成的损失则由生产厂承担。美的认为，这样推行事业部管理下的二级子公司运作模式，将会使事业部的运作全面进入"市场经营"和"顾客服务"状态中。

在各个产品专业化经营的事业部内进行产销关系调整的基础上，2002 年，美的也将经营管理、人力资源、研究等职能相对集中到事业部层面统一管理。以招聘工作为例，原来各二级子公司可以自行招聘人员，报事业部备案，现在则将招聘统一由事业部来进行。研发方面，基础研究的模块保留在事业部的研发部，而对应于各项目开发的部分则放到下属的相应部门，如研发家用空调的项目组放到制造本部，研发出口空调的项目组则放到海外营销本部。而伴随着机构的调整，权力的收放以及相应的责任和利益也处于转换与变局中。

事业部制运行四五年后，美的集团的销售额高速增长。在经营规模迅速扩大的同时，美的集团开始出现"大企业病"。其突出表现是：由于各事业部过分追求规模和销售业绩，以致出现了扩张冲动、机构臃肿、效率下降、管理不到位等问题。特别是 2001—2002 年，美的"就像一头生病的大象，行走困难"，在"大企业病"最为严重的 2002 年，美的增长速度只有 5%，是上市以来最低水平。一位离职员工给何享健写了一封信，指出了美的"大企业病"的 12 条症状，如事业部各自为战、部分项目盲目投资、资源浪费严重等等。何享健收到信后，要求在集团内展开讨论，发动员工查找身边的"病症"，根除"大企业病"。经过充分分析，何享健提出对美的集团实施经营结构、管理结构、市场结构和区域结构的战略性调整。

2002 年 6 月起，美的进行了自 1997 年以来最大的一次组织变革。在这场大整合中，涉及被调整的人员约占被调整部门人员总数的 1/3。其中，美的电器股份公司本部精简成 5 个部门，人员精简至 120 人，减少了 40 多人；职能部门只保留部长、经理、业务人员 3 个层次，比以前精简了 2 个层次。拥有六大产品系列十几种产品、员工达 1000 多人、年产量 3000 万多台、销售额为 40 亿元规模的家庭电器事业部，在被分拆为电饭煲、风扇、饮水机、微波炉四个事业部的同时，通过"瘦身"运动，调整分流出去 300 多人。通过一年多的整治，美的"大企业病"逐渐得到解决，投资冲动和内耗问题通过制度得到缓解了，企业重新步入健康快速发展的轨道。数据显示，2004 年美的销售额高达 330 亿元，比 2003 年同比增幅 89%，2005 年销售额达 456 亿元。

在分权的事业部体制下，各事业部就如同在参加一场没有终点的赛马比赛，每个事业部都争相成为跑得最快的那匹赛马，而无暇顾及其他更重要的东西。跟无数市场化公司一样，美的考核下属各业务单位的最重要的标准就是业绩。在此导向下，各事业部的职业经理人只能拼足功夫，运用各种优势促进销售业绩的增长。"业绩说话""销售为王"是其经营管理工作的核心理念，至于如何用好这些优势，如何实现品牌增值、避免贬值，却没有得到这些事业部经理人的重视。事实上，美的品牌虽然划归美的电器上市公司所有，但是集团旗下可以享用美的品牌的产品品类有数百上千。在"销售为王"的经营理念之下，产品质量退居次要地位，更谈不上品牌的保护和增值了。

虽然美的集团还未出现严重的"山头主义""诸侯文化"，但已经显现了这样的情况：几乎每个事业部都有自己的亚文化，而且很突出、很强势。更有甚者，不但制冷家电和日用电器两个二级集团之间难以进行人员的互换，各事业部之间的人员调动也出现了一定的难度。由于事业部之间的沟通、协调存在障碍，一次广交会往往要用几个月时间去准备，协调会议要开十几次，甚至二十次。许多事业部为了各自业务的快速发展，耗费大量资源来建设自己的专卖店，这不仅导致了集团资源的重复配置，更严重的是，它们还拒绝集团其他事业部的产品进入自己的渠道。

早在2005年年终总结会上，何享健就意识到这一系列问题的严重性，指出1997年开始施行的事业部制在某种程度上已经成为美的现在的包袱。他认为，美的现在不是要解决如何发展的问题，而是要解决如何持续发展的问题。业界的评论也道明，对于追求销售业绩的事业部来说，发展热情和积极性过高，容易引发事业部经理人的目光短视、急功近利。美的职业经理人急于求成的心态，加上美的集团对业绩的高要求，以及各事业部职业经理人拥有过大和分散的权力，是导致各种事件发生的主要原因。很显然，过去近10年对美的集团飞速发展起了重要促进作用的事业部分权制度，已成为美的集团的一大短板。

面对这种状况，作为董事局主席兼CEO的何享健很清楚，美的要甩掉这个包袱，需要对集团的权力分配进行重新规划和调整，将先前独立运作的各事业部从分散的状态集中起来。不过他也强调，要在保持现有事业部制的基础上进行控制，而不是完全推倒重来。

二、美的对销售渠道组织模式的重构

2007年之前，美的主要采用区域代理的渠道组织模式。虽然美的并非区域代理模式的创始者，但业内人士认为它一度把以区域代理商为核心的代理制发挥到了极致，成为区域代理制的典范。美的区域代理模式的主要特点是在一个地区内有几个批发商，美的公司直接向其供货，批发商再向零售商供货。零售指导价由制造商制定，同时制造商还负责协调批发价格，不过并不一定能强制批发商遵守协议价格。美的各地分公司或办事处虽然不直接向零售商供货，但他们往往会要求批发商上报其零售商名单，这样，美的方面一则可以了解实际零售情况，二则可依此向零售商提供店面或展台装修建议，派驻促销员并开展相关的促销活动。至于安装和维修等售后服务工作，通常都是由经销商负责，但费用由制造商承担。这种渠道模式被认为具有降低营销成本、可利用批发商的资金、充分发挥渠道的渗透能力等优点。

此后，由于国美、苏宁等家电连锁企业控制着家电销售的终端渠道，摆脱对"强势"渠道依赖的需求促使许多家电企业抛开家电卖场而自建渠道。有关报表显示，2010年，国美电器实现净利润19.62亿元，来自供货商的收入为21.67亿元；苏宁电器实现净利润40亿元，来自供货商的收入超过30亿元。家电制造商通过家电连锁大卖场销售产品，不仅必须先支付赞助费、装修费、选位费等进场费，而且因为扣点不断提高和以延长账期等方式占用供货商资金，销售费用成为利润越来越薄的家电制造商的一个很大负担。为了扩大对市场的覆盖范围和增加对渠道的掌控力度，许多家电企业开始探索多元化、立体化的渠道体系。

率先在"渠道变革，资源整合"上采取独创之举的是格力。与海尔集团全资建立区域性工贸公司不同，同样拥有优厚经销商资源但与各地经销商关系更为紧密的格力，采用了"由经销商出资建专卖店，以销售利益、回款等方式实现利益捆绑"的模式来建立专卖店渠道。格力集团在全国共建有上万家专卖店，形成了一个以城市为重心、以地县为基础、以乡镇为依托的三级营销网络。通过厂商股份合作制，格力一方面提高了对渠道的自主控制权，另一方面节省了大量的资金。

以上国内市场的渠道变革，不仅对家电连锁巨头形成了一种制衡力量，也使得单纯采用代理商模式的厂家感受到了威胁。在传统模式下，代理商除了要与下游零售商博弈外，还要与制造厂家博弈。价值链不稳定，彼此都没有长远合作的预期。例如，一位在国内某区域长期与美的合作的代理商，曾因区域划分和返利等问题与美的分道扬镳，转而投入格力公司怀抱。为了应对这一危机，美的决定改变长期坚持的区域代理制，建立区域销售公司制。

美的空调于2006年8月在北京、上海、杭州、重庆、长沙、芜湖等地试点，与经销商合资成立了8家销售公司，这是美的探索建立作为独立法人的区域销售公司的首批单位。截至2007年底，美的空调在国内市场已有的58家分支机构中，有45家被改造为独立法人的销售公司，剩下的13家分公司或办事处也在2008年注册为独立的销售公司。美的电器股份公司董事会副主席兼总裁方洪波于2007年年底在接受《第一财经日报》采访时，对销售公司运作模式作了这样的解释：美的将品牌授权给全国各地优秀的经销商成立的销售公司，让其成为当地美的空调的独家代理，这些销售公司与美的电器公司没有或很少有股权关系。美的空调将管理权、经营权下放到销售公司后，销售公司自负盈亏。美的电器股份公司总部只负责品牌推广、销售规划、市场协调，具体操作都交给了独立的销售公司，这样利于提高对市场反应的速度。

继空调渠道改革之后，美的小家电也开始尝试渠道变革。2007年底，美的小家电在河南北部组建了合资的销售公司，并引入当地四家主要代理商参股。2008年9月，美的小家电在粤东的汕头成立了一家合资销售公司，引入了当地最大的代理商。在这两家合资的销售公司中，美的股份不超过20%。美的希望通过成立合资公司，将代理商、职业经理人利益与厂家捆绑在一起，有效实现销售平台下移，在削减成本的同时加强对渠道的控制力。

美的空调和小家电的渠道变革，重在使销售平台下沉。以前家电的营销体系，都是各事业部负责销售的职能部门在遥控，这些部门掌握了很多权力,但又不十分了解市场一线情况,所以会出现决策延误、资源浪费等情况;而如果将权力下放到一线渠道,又怕他们不负责任、假公济私等。美的高层相信,合资公司模式能规避这种缺陷,并缩短营销流程,让前线的市场反应速度更快,更有利于产品销售。美的和经销商共同打造区域销售公司,让厂商双方变成了双赢的"营销共同体"。生产商和经销商之间不再是简单的产品代理的贸易关系,而是相互协作与共赢的联盟伙伴。厂商双方通过在管理、运作和数据信息上的密切交流,将减少中间层阻隔及损耗,把各种资源的效率发挥到最大。

在探索"控股型公司"体制之时,美的制冷家电集团旗下设家用空调、中央空调、冰箱、洗衣机、压缩机5个事业部,日用家电集团旗下则设生活电器、微波电器、洗碗机、厨房电器、热水器等7个事业部。在前一时期推行的事业部分权体制下,这12个经营单位长期以来都各自建立独立的营销渠道,也各自拥有独立的营销团队,不仅经营主体多、环节多,资源分散、投入重复,而且个别单位太强势、各自为政,互不认同、难以协调。此外,长期以来,美的营销队伍一直采用动态管理,即每个区域实行营销中心管理体制。为了防止职业经理人在一个区域工作时间过长而形成积弊,美的采取各区域职业经理人定时轮换的办法。在这种情况下,管理人员不可能有长期战略思想。

为了消除这一系列弊端,2009年美的制冷家电集团开始实行渠道"超越"计划。首先,在二级产业集团层面成立中国营销总部和国际事业部。当年8月,美的制冷家电集团在整合家用空调、冰箱、洗衣机各品类营销力量的基础上成立了中国营销总部,各个产品事业部的营销部门陆续被划入各自所属产业集团的中国营销总部,而各个事业部原有的采购、生产、计划、物流等诸多职能依然保留,因而呈现出市场销售和生产制造分离的现象。美的中央空调事业部从2010年6月起相继在全国各地成立了暖通销售公司,此举标志着美的中央空调销售平台正式被纳入美的制冷销售平台,成为继家用空调、冰箱、洗衣机后第四大业务单元,而美的制冷集团的营销整合工作也至此最终完成。其次,中国营销总部对属下各产品事业部的营销团队、销售架构、经销代理商体系等各方面资源进行整合，使过去由各个事业部分兵作战模式向集团军作战模式转变。例如，空调、冰箱、洗衣机的渠道谈判，以前都是各品类分别去谈，现在整合到一起谈，谈判的力度和空间有所增加。整合后，中国营销总部将全面管理美的已建的60余家空冰洗产品多元化的区域销售公司，统一承担营销策略制定以及协调、指导、服务各销售公司的职能。最后，工业资本与商业资本对接，二级产业集团与区域经销商合资建立销售公司。例如，浙江百诚集团是一家大型商贸企业，已与美的制冷家电集团合资成立了宁波美的制冷产品销售有限公司、绍兴美的制冷产品销售有限公司、浙江美的制冷产品销售有限公司、温州美的制冷产品销售有限公司四家合资销售公司。合资的销售公司组建后，原来美的销售分公司的职业经理人变身成为合资公司的股东，而百诚集团也得以绕开原来的中间环节，直接从美的进货。另外，美的在各地设立销售公司时，不仅可以选择原来的区域代理商，同时也可以选择其他经销商。原来在美的区域销售机构中工作的职业经理人，也被允许以私人名义入股销售公司。而他们的身份改变以后，美的也就不再可能实行以往的区域轮换制，而是使其像商人一样"专心经营自己的一亩三分地"，对销售公司的未来发展做出长远打算。

2010年5月，何享健率众考察广东、湖北、河南、河北四省市场，提出要全面推进营销模式改革、加大营销资源的协同与整合力度来应对全新的市场环境。何享健所言的"营销模式改革"，即在美的集团中全面导入"联营公司模式"。美的空调70%的销量来自联营公司，这个事实让何享健坚定地要将美的空调新的销售模式延伸并且放大。当时任美的微波电器事业部国内营销公司总经理的张武力坦言：美的微波炉即将推进的渠道变革是把原先的"行政为本"的管理改进为"市场导向"的管理。以前，总部关注的是市场占有率，经销商在意的是净利，这是时时会产生冲突的两种诉求。"联营公司"建立起来后，把各地办事处和经销商两股力量紧密咬合。我们搞"联营公司"与经销商签合同一签就是5年,相当于给予经销商5年的承包期,这样他才敢于去规划,敢于去投入。

【思考应用题】

1. 结合企业组织结构设计、集权和分权等组织理论,思考美的公司从职能制向事业部制转变的主要原因有哪些。

2. 美的集团分权制度的建立,产生了哪些利弊影响?

3. 结合案例,思考美的集团业务结构和规模变化带来的"大企业病"表现在哪些方面。

4. 美的主动通过组织运作模式变革以适应经营环境的变化,从而保持组织的持续发展,其内驱力是什么?

案例21　华为的军事化组织建设与管理艺术

【摘要】 近年来,市场环境的快速变化等因素给全球经济增添了更多的不确定性,企业在充满变量的环境中求生存并非易事。华为曾经历三次生死考验和组织变革,才取得了今天的成就,其提升组织力的经验可为其他企业解决组织建设上的难题提供借鉴。

【关键词】 组织建设;人员配备;组织力;组织文化

【适用课程】 企业文化;人力资源管理;管理学

【教学功能】 本案例涉及组织中的人员配备与人事考评、组织文化等重难点知识。通过案例教学,学生可以感受到华为公司的组织设计与管理艺术,掌握人事考评的基本理论和技巧,加深理解组织文化在组织健康发展过程中的作用。

【思政目标】 弘扬奋斗精神、开拓创新精神、冒险担当精神、奉献精神,激发学生学习和弘扬精益求精的工匠精神,促进学生树立正确的劳动价值观、职业观。

【案例正文】

组织力是组织生命力的重要体现，对内表现为凝聚各种资源和能力的聚合力，对外表现为适应环境的进化力，也就是将团队成员团结起来的力量。

如何打造高效的组织力？华为给出了三个定律：一是建立组织制度，以制度管人；二是组织建设要以客户为中心，为客户创造价值；三是组织必须长期充满活力。组织的活力往往随着企业年龄的增长而递减，这是一个普遍规律。而要组织持续充满活力，管理者需要从阵法、战法、兵法、心法入手构建及迭代团队。阵法和战法是指组织运作，它包括了组织架构、决策机制、协同与动力激发。兵法是指人才队伍建设，包括管理层领导力提升、人才梯队建设及增强岗位胜任力。心法是指企业文化，这是一个组织的精气神。企业文化是组织在长期的实践活动中形成的，优秀的组织文化能起到激励作用、导向作用、规范作用、凝聚作用和稳定作用。华为总裁任正非用"狼狈组织""少将连长"等词汇诠释华为在组织建设、员工激励、干部管理等方面的管理智慧，道出了华为组织管理理念。

一、"狼狈组织"计划

做好团队管理，需要充分发挥团队成员各自优势。任正非曾提及"狼狈组织"建立的目标和价值："我们提出'狼狈组织计划'，是针对办事处的组织建设而言，是从狼与狈的生理行为归纳出来的经验。狼有敏锐的嗅觉、团队合作精神以及不屈不挠的精神；而狈非常聪明，个子小、前腿短，进攻时不利于独立作战，因而它跳跃时是抱紧狼的后部，一起跳跃，就像掌舵一样操控狼的进攻方向。狈很聪明，有策划能力，又很细心，它就像市场的后方平台，帮助做标书、网规、行政服务……狼与狈是对立统一的，单提'狼文化'，也许会曲解了狼狈的合作精神,但勿将这种合作精神理解为加班加点,拼大力,出苦命。"①

二、向优秀奋斗者倾斜的评价机制

不能按管理范围来评定人才待遇,要以贡献、责任以及在此基础上的奋斗精神为标准,按价值贡献评价人才之间的差距,让人才做功更多,为企业创造更多价值。这也就是给火车头加满油,让千里马跑起来。正如任正非所说:"有成效的奋斗者是公司事业的中坚力量,是我们前进路上的火车头、千里马。我们要让火车头、千里马跑起来,促进后面队伍奋进;我们要使公司15万优秀员工组成的队伍生机勃勃,英姿风发,你追我赶。"② 因此,华为公司的价值评价和分配导向,是向优秀的奋斗者倾斜,让奋斗者分享胜利果实,让惰怠者感受到淘汰压力。

三、干部要以基层实践经验为任职资格

《韩非子·显学篇》中说:"故明主之吏,宰相必起于州郡,猛将必发于卒伍。夫有功者必赏,则爵禄厚而愈劝;迁官袭级,则官职大而愈治,王之道也。"③ 意思是,作战勇猛的将领必定是从士卒提拔上来的,贤臣良相必定是从地方官提拔起来的。因为这些人更了解战场形势和百姓疾苦,能更好地制定方针政策。任正非曾在华为的新年献词中强调:"要从各级组织中选拔一些敢于坚持原则、善于坚持原则的员工,以及在行使弹劾、否决权中有成功经验的员工,通过后备队的培养、筛选,走上各级管理岗位。现代化作战要训战结合,干部要以基层实践经验作为任职资格。"④

---

① 周锡冰:《华为方法论》,北京:现代出版社2018年版,第37页。
② 周锡冰:《华为方法论》,北京:现代出版社2018年版,第4页。
③ [战国]韩非子:《韩非子》,高华平、王齐洲、张三夕译,北京:中华书局2010年版,第749页。
④ 周锡冰:《华为方法论》,北京:现代出版社2018年版,第60页。

四、靠整体优势取胜的战略布局

田忌赛马讲述的是齐国大将田忌与齐威王进行赛马,在整体实力并不占优势的情况下,调整部署而反败为胜的故事。任正非曾指出:"我们在科技人才领域不搞田忌赛马,华为要靠自己的整体优势取胜,而非像田忌赛马那样整体实力不足,仅靠调整部署取得一两次胜利,华为必须持续取胜。因此,华为要加大前瞻性、战略性投入,要容得下世界级人才,建立起全面领先的专家队伍;把握先机,在理论构建能力、科学家数量、产品质量等诸多方面超过业界。只有这样,华为才能避免衰落,不断发展壮大,持续地活下去并且活得很好。"①

五、敢用"歪才""怪才"

"歪瓜"是指长得不圆的西瓜,"裂枣"是表面平滑但有裂痕的大枣。实际上"歪瓜裂枣"虽然外表丑陋,但反而比正常的西瓜和枣还要甜。任正非把华为公司里一些"歪才""怪才"比喻为"歪瓜裂枣",即那些绩效不错,但在某些方面不遵从公司规章的人,尤其是一些有着特别的个性和习惯的技术专家。任正非曾说:"公司要宽容'歪瓜裂枣'的奇思异想。你们搞错了,枣是裂的最甜,瓜是歪的最甜,他们虽然不被看好,但我们要从战略眼光上看好这些人。今天我们重新看王国维、李鸿章,实际上他们就是历史的'歪瓜裂枣'。我们要理解这些'歪瓜裂枣',并支持他们,他们可能超前了时代,所以才令人不理解。你怎知他们就不是这个时代的贝多芬?"② 如何让这类人真正发挥价值并获得与其贡献相符合的回报?华为《管理优化》中提出,作为管理者,要在公司价值观导向下,基于政策和制度实事求是地评价员工,不能僵化地执行公司的规章制度。在价值分配方面要敢于为有缺点的奋斗者说话,主抓贡献,不求全责备。

---

① 周锡冰:《华为方法论》,北京:现代出版社2018年版,第67页。
② 周锡冰:《华为方法论》,北京:现代出版社2018年版,第79页。

六、少将连长

任正非近年来多次提到"少将连长"一词。华为的"少将连长"具体而言:一是少将同志当了连长,即高级干部下到基层一线,当基层主管,带小团队冲锋陷阵,充当尖兵;或者如同重装旅,作为资源池,到一线协调指挥重大项目、建立高层客户关系、建设商业生态环境,充分发挥老干部的优势。二是连长配了个少将衔,即一线基层主管、骨干因优秀而被破格提拔,职级、待遇等达到更高水准,这样就会引导优秀人才到一线,长期奋斗在一线,筛选出优质资源直接服务客户,从而创造更大的价值。

七、"之"字形的成长路径

"之"字从象形上看是折线式的,可以让人联想到员工个人成长和华为实际情况。一个员工如果在研发、财经、人力资源等部门做过管理,又在市场一线、代表处做过项目,有着较为丰富的工作经历,那么他在遇到问题时,就会更多地从全局、全流程考虑问题。如果他一直在某个体系里直上直下、从一条线上成长起来,那管理思维会有局限性,遇到问题容易出现本位主义思想。所以,华为一直鼓励干部流动,形成一个有力的作战群。

任正非说:"干部和人才不流动,就会出现板结,会让机关和现场脱节,如果形成阶级,华为迟早会分裂。"① 所以他一直强调干部和人才的流动,并要求不拘一格选拔优秀专家及干部;推动优秀的、有视野的、意志坚强的、品格好的干部走"之"字形成长的道路,培养大量的将帅团队。

八、重装旅与陆战队

海军陆战队是指规模小、装备轻、具有综合作战能力、爆发力强的

---

① 周锡冰:《华为方法论》,北京:现代出版社 2018 年版,第 125 页。

队伍,是华为设置在一线的作战单元;重装旅是指给陆战队提供资源和炮火的专业化队伍。华为在地区部设置重装旅,代表处和系统部则是陆战队。任正非说:"我们借用'重装旅'的概念来描述地区部与代表处的关系。例如,海军陆战队在沙滩撕开一个口子,但它若能力有限,在纵深上施展不开,后面的重装部队是无法登陆的。没有重装部队的投入,阵地就守不住,也扩展不了。""地区部重装旅的建设,是重视各种平台和共享中心的建设、经验的总结、人员的培训。同时,根据代表处组织配置中缺少的能力在地区部补足。不管是解决方案、服务还是投标,各种业务都要集中一批尖子,随时像蜂群一样,一窝蜂地对重要项目实施支持。这些尖子可以是物理式的集中,也可以是逻辑上的集中。人员要定期流动,实行纵向循环、横向循环,以促使各方面作战能力的提升。"①

九、从零起飞奖

2013年,任正非为徐文伟、张平安、陈军、余承东、万飚等员工颁发了一项特殊的表彰——"从零起飞奖"。这些获奖人员上一年的年终奖金为"零"。2012年,上述团队经历奋勇拼搏,虽然取得重大突破,但结果并不如人意。于是团队负责人们践行了"不达底线目标,团队负责人零奖金"的承诺,自愿放弃当年的年终奖。任正非为他们颁发"从零起飞奖"后发表讲话,他说:"我很兴奋给他们颁发了'从零起飞奖',因为他们5人都是在做出重大贡献后自愿放弃年终奖的,他们的这种行为就是英雄。他们敢打敢拼和敢于承担风险的精神,再加上公司全体员工的努力,我们除了胜利还有什么路可走!"②

十、板凳要坐十年冷

南京大学一位教授曾言:"板凳要坐十年冷,文章不写半句空。"

---

① 周锡冰:《华为方法论》,北京:现代出版社2018年版,第145页。
② 周锡冰:《华为方法论》,北京:现代出版社2018年版,第117页。

意思是要专心致志做学问，不慕荣誉，不求名利，甘于寂寞，只要坚持自己的学术方向，不怕别人不重视。任正非说："在冷板凳上坐的都是一代英豪。科学是老老实实的学问，要有思想上艰苦奋斗的工作作风，要有坚定不移精益工作的目标，要有跟随社会进步与市场需求的灵活机动的战略战术。""做实不是没有目标、没有跟踪、没有创新，但没有做实就什么也没有。点滴奋斗与持之以恒的努力，踏踏实实地在本职岗位上不断地进取，太阳已经从地平线下升起。当然，也希望公司能尽早识别出那些在板凳上坐了多年，有奋斗精神、有贡献、有热情的默默无闻的优秀员工，不要让'雷锋们'等太久。"①

十一、喜马拉雅山的水为何不能流入亚马孙河？

任正非用喜马拉雅山的水流入亚马孙河比喻在零距离的互联网时代，干部是可以流动的，一个地区成功了，抽调干部去另一个地区支持那里的战斗，让成功经验在全球范围内高效复制和推广。华为公司知识管理负责人谭新德曾提出："华为公司最大的浪费就是经验和人才的浪费。如果能让公司辛苦培养起来的干部流动起来，把好的经验传递下去，公司无论在管理还是经营上都会有很大提升。"任正非说："我们要推动队伍循环流动，进一步使基层作战队伍中的各种优秀人员在循环过程中，能够流水不腐，形成整个公司各个层面都朝向一个胜利的目标，努力前进和奋斗。"②

十二、班长的战争

"班长的战争"是源自美国军队的现代作战方法。主力作战队伍不再是过去的师团和名将，而是靠连排甚至班一级的小分队。他们深入敌后，携带卫星定位仪器和激光指示器，随时可以根据下载的卫星画面寻找敌人踪迹，甚至可以通过卫星呼唤战机、导弹来进行轰炸，而班长在

---

① 周锡冰：《华为方法论》，北京：现代出版社 2018 年版，第 55 页。
② 周锡冰：《华为方法论》，北京：现代出版社 2018 年版，第 142 页。

一线现场作战指挥，不仅要有专业技术的要求，同时也有灵机决断的指挥能力要求。华为强调"让听得见炮声的人来呼唤炮火"，就是要求"班长"在最前线发挥主导作用，让最清楚市场形势的人指挥，提高反应速度，抓住机会，取得成果。它要求上级对战略方向正确把握，平台部门对一线组织有效支持，班长们具有调度资源、及时决策的授权。其基础是组织和层级简洁（比如3层以内），决策方式扁平、运营高效。当然，战争的主角——优秀的"班长"和专家的选用育留及自身的主动成长，也非常关键，同样需要"班长"们是精英中的精英。

【思考应用题】

1. 围绕华为将军事文化融入组织设计和管理机制，谈谈中华优秀传统文化中的管理智慧，以及如何将其应用于现代组织管理之中。

2. 华为的组织建设与管理经验，怎样应用于当前大学生的日常学习和生活之中？请举例说明。

案例22　海尔企业文化激活"休克鱼"

【摘要】海尔提出别具一格的兼并理论——"吃休克"理论，该理论的核心是把原企业员工的积极性重新调动起来，就能把企业搞好，从而帮助企业实现自救。

【关键词】海尔集团；兼并理论；组织文化；组织创新

【适用课程】管理学；人力资源管理；企业文化

【教学功能】本案例涉及企业兼并与重组、企业文化的功能与塑造、组织变革等重难点知识。通过案例教学，学生加深对组织文化功能的理解，掌握组织文化的塑造、移植和灌输方法，培养综合分析问题和解决问题的能力。

【思政目标】加深学生对以张瑞敏为代表的中国优秀企业家的开拓

创新精神、爱岗敬业精神的认识,弘扬奋斗精神、开拓创新、奉献精神、"敬业报国,追求卓越"精神。

【案例正文】

1991年起,海尔就开始实施扩张战略,先后兼并了青岛空调器厂、青岛冰柜厂、武汉希岛、红星电器公司等18家大中型企业,盘活存量资产达15亿元之多,成为中国第一家家电特大型企业。在兼并过程中,海尔始终把管理和文化放在核心地位。用张瑞敏的话说,"活鱼不让吃,死鱼不能吃,那么就吃休克的鱼",即兼并那些硬件尚好但管理不善、企业文化脆弱、处于休克状态的企业,用海尔的企业文化和管理经验去激活这些"休克鱼"。

张瑞敏说:"中国的企业目前兼并现象普遍,像我们就兼并了18个企业,这18个企业当时亏损是5亿多,其他企业也包含许多兼并企业,如果兼并的时候母体没有一个成熟的企业文化,没有一个完全可以操作的管理模式,你即使再想兼并,也很有可能不但不能把那个企业救活,连自己的企业也要拖垮。所以我们的做法叫作用海尔的企业文化激活'休克鱼'。所谓'休克鱼',就是把一个企业比作一条鱼的话,它可能还没有死掉,硬件尚好,但是软件不行,管理不行,'鱼'处于一种休克状态。如果输入新的企业文化,改变观念,并使之接受,可以把这条鱼救活。""红星电器原来是生产洗衣机的工厂,被我们兼并时净资产只有一个亿,但亏损两亿五千万元!兼并后我们只派了三个人去,工人还是原来的工人,设备还是原来的设备,兼并后第一个月亏损700万元,第二个月减亏,第三个月减亏,到第四个月盈利100万元。这就是我们利用企业文化贯彻组织创新的结果。"① 那么,海尔是如何做到的呢?

---

① 彭贺、李天健、黄思琴:《张瑞敏:自以为非》,北京:新世界出版社2016年版,第167页。

一、原红星电器公司经营状况

1995年的青岛红星电器厂拥有员工3240人,到1995年6月,资产负债率高达143.65%,资不抵债。红星有30年的历史,原本是一家手工作坊式的集体小企业。20世纪80年代该厂抓住机遇,从白手起家发展为国内最早、最大的双桶洗衣机生产企业,曾走在行业前列。但由于经营不善,到1995年时,机构膨胀、臃肿,产品质量大幅下降,市场销量从全国第二位跌至第七位。由于在技术方面不重视新产品开发,生产的产品品种单一,十几年不变,经营风险较大,红星连换四任经理但仍每况愈下,1995年6月,当月亏损已达750万元。

海尔为何要兼并红星公司?一是能量的落差。海尔有品牌优势和较好的管理模式,红星虽有100万台的生产能力,但没有名牌效应,红星要发展必须借助海尔品牌和管理优势。二是技术的互补。海尔1994年引进了意大利滚筒洗衣机技术,1995年初推出了当时先进的欧洲式滚筒洗衣机。但是,海尔没有亚洲式波轮洗衣机,要体现自己的"市场细分化"原则,就必须设法生产波轮洗衣机。如若生产波轮机,兼并显然比立项投资要更快抢占市场。红星是国内生产亚洲式波轮洗衣机的三大厂商之一,拥有日本20世纪90年代的最新技术;尽管经营状况很差,但设备硬件还比较好。红星存在机构臃肿、产品单一、负债率高、市场信誉不高等问题,而要解决这些问题,困难很多,风险也很大。

二、海尔的"吃休克鱼"理论

人们习惯将企业间的兼并比作"鱼吃鱼""大鱼吃小鱼"或者是"小鱼吃大鱼"。从国际上看,企业间的兼并重组趋势可以分成三个阶段:第一阶段是"大鱼吃小鱼"。这时技术含量尚未成为竞争的决定因素,企业的资本存量、经营规模决定着竞争的成败,兼并重组的主要形式是大企业兼并小企业。第二阶段是"快鱼吃慢鱼"。这时技术含量的作用已经超过资本的作用而成为决定性因素,谁占领了技术制高点,谁就在竞争中赢得了主动权。兼并重组的趋势是资本向技术靠拢,新技术企业兼并传统产业。第三阶段是"鲨鱼吃鲨鱼"。这时的"吃",已经没有一方击败另一方的意义,而是所谓的"强强联合"。这是资本高度集中、技术飞速发展、世界经济日趋一体化的今天,企业兼并重组的最高形式。波音和麦道的合作就是"鲨鱼吃鲨鱼"的典型案例。

海尔吃的是什么"鱼"?他们吃的不是"小鱼",也不是"慢鱼",更不是"鲨鱼",而是"休克鱼"。海尔集团总裁张瑞敏说:"我们的国情决定了中国的企业搞兼并重组不可能照搬国外的模式。由于市场体制原因,小鱼不觉其小,慢鱼不觉其慢,各有所倚,自得其乐,缺乏兼并重组的积极性、主动性。所以大鱼不可能吃小鱼,也不可能吃慢鱼,更不能吃掉鲨鱼。活鱼不会让你吃,吃死鱼你会闹肚子,因此只有吃'休克鱼'。"①

吃"休克鱼"的理论为海尔选择兼并对象提供了现实依据。海尔看重的不是兼并对象现有的资产,而是潜在的市场、潜在的活力、潜在的效益,如同在资本市场上买期权而不是买股票。海尔18件兼并案中,被兼并企业的亏损总额达到5.5亿元,而最终盘活的资产为15.2亿元,实现了低成本扩张。在海尔看来,红星公司属于"休克鱼",海尔要以自己的企业文化激活"休克鱼"。

三、移植企业文化,无形资产盘活有形资产

1995年7月4日,在青岛市政府的支持下,红星公司整体划归海尔,连同所有的债务。海尔对红星公司的改造分两步走:第一步,输入海尔企业文化。在海尔企业文化中心的指导下,新员工接受海尔的企业文化教育。第二步,提高工作效率。海尔派出质量保证体系审核小组,检查工厂的所有环节,并从原咨询认证中心派出质量控制人员。

---

① 郁迪:《海尔文化激活"休克鱼"——海尔兼并原青岛红星电器厂》,载《中国商贸》,1999年第1期,第44页。

海尔集团认为盘活资产的关键在于盘活人，要"以无形资产盘活有形资产"。所以张瑞敏相信他找到了改变原红星员工观念的捷径：大力宣传海尔的文化价值及行为规范。当然，最大的困难是让红星员工认识并统一到海尔企业文化的目标上来。给新员工做了几次海尔企业文化宣讲之后，企业文化中心主任认为，对于兼并的企业，重要的是"告诉他们什么是对的，什么是错的"，下一步就是找出好的和坏的行为例子，并将其转化为《海尔人》报纸上的故事，这样员工们就能记住和讨论。

虽然原红星电器公司已到难以维持之际，但管理人员和部分工人对海尔的兼并仍有抵触情绪。红星的销售人员早已沉沦，毫无改变工厂面貌之意。按他们的说法，一到淡季（6—9月）就闲着没事干，只是空等待，而不直接到销售点去。海尔领导认为销售人员必须彻底改变原本的思维方式与行为方式。①

红星的105位中层干部成了另一个挑战。由于没有明确的职责，他们行事既不准确，也缺乏责任心。其结果是公司内部形成臃肿的小官僚圈子，一些人不对企业负责、不对市场负责，而是拉关系、谋私利。更糟的是，红星洗衣机质量如此之差，以至于堆积大量存货。当时有约11万台没法销出去，并且许多是被退回来需要修理的，这离海尔的一般标准都差得很远。实际上，这意味着红星的品牌价值已遭受严重影响。虽然很多商家欠红星的账，但商家认为退回低质量产品已伤害了他们的利益并赔了钱，永远不想再购进红星洗衣机了。

1995年7月5日——红星划归海尔的第二天，海尔集团常务副总裁杨绵绵带领海尔原咨询认证中心、资产管理中心、规划发展中心、财务中心以及企业文化中心五个部门的负责人到达了红星。他们向全体员工讲了话，解释了海尔的企业精神："敬业报国，追求卓越。"杨绵绵讲述了海尔强调个人职责，追求最高质量信誉及实行岗位责任制

---

① 郁迪：《海尔文化激活"休克鱼"——海尔兼并原青岛红星电器厂》，载《中国商贸》，1999年第1期，第43页。

等内容,重申工人们不该因红星衰落而受到指责的观点,认为管理人员要负至少80%的责任。

1995年8月,张瑞敏亲自向公司中层干部阐述了同样的问题。他指出人力资本是生产力中最重要的因素,概述了中层干部在企业发展中的职责,引述了"80/20原则",即企业中重要的20%人员领导着其他80%人员。张瑞敏号召大家立即行动起来,在每个营运环节(每个人及每笔交易)做好计划。他也概括了海尔洗衣机战略的两个要点:第一,以市场为导向。海尔洗衣机应销售信誉而非廉价品,每个环节都要以客户需求为导向。第二,降成本,提收入,产出最大化,投入最小化。每个人必须制定切实的计划和明确的目标,在2~3年中朝着将海尔洗衣机厂建成中国洗衣机第一制造商的总目标奋斗。

派到红星任总经理的柴永森先生年仅32岁,这位年轻干部思路敏捷,行动迅速,能够准确地理解、执行海尔决策层改变红星面貌的战略部署。为鼓舞士气,柴永森让海尔洗衣机员工们投入新产品的开发项目中,第一个月就开发了36种新产品样品,其中有两种新产品很快受到市场欢迎——"小神童"和"小神泡"。前者是一种面向国内市场的全自动洗衣机(传统上全自动洗衣机只向国际市场出售),后者是一种大容量、气泡型双桶洗衣机。1995年底,海尔洗衣机废除了几种老式产品,以便集中精力研究、开发和生产受欢迎的型号。他们的目标是每个月开发出一种新产品。事实证明,他们每年开发的新产品远远超出了这个目标。

在销售及分销前沿,柴永森动作也同样迅速。为了提高销售人员的积极性,他宣布工资完全取决于工作成效,这完全断绝了销售人员淡旺季的想法。虽然同经销商的关系重建十分困难,但柴永森最终说服商家再给海尔洗衣机一次机会。作为对海尔承诺收回或修理所有红星不良品种的回报,经销商们同意还清之前的欠款,海尔依靠信誉再一次铺平了开拓市场的道路。此外,柴永森还表扬并重奖了海尔洗衣机的部分销售人员。这些销售人员有可贵的奉献精神,他们中有的人顾不上照顾家中的病人，有的人克服了其他困难，努力拓宽销售渠道，主动延长工作时间，柴永森号召全体销售人员向他们学习。

四、"范萍事件"与海尔文化的推进

海尔管理上有个"80/20 原则"。企业里发生的任何一件过错，管理者都要承担80%的责任。兼并后的一周内，海尔集团公司对红星洗衣机的方方面面进行调查。红星的不少干部深有感触地说："企业要发展，关键在人，人的问题关键在干部，红星厂干部的问题关键在于从来没有动真格的。"[1]

1995 年 7 月 12 日，海尔总公司公布了一项处理决定：质检员范萍由于责任心不强，造成选择开关插头插错和漏检，被罚款 50 元。这时的洗衣机产品开箱和社会返修率距离"第一家电名牌"的要求还有很大差距。海尔管理者认为这绝不是范萍一人造成的，主要是管理上的漏洞使范萍由"偶然"变为"必然"。海尔要求掌握全局的管理干部，即范萍的上级要承担责任，主张先检查管理上的问题，认为只有这样才能使"范萍们"的错误减少。《海尔报》在 1995 年 7 月 19 日点名指出范萍的上级应负什么责任，"范萍事件"在原红星引起强烈震动。在此之前，该厂从未因产品质量出现问题而追究过其上级领导的责任，其他工作也一样，从未有"80/20 原则"的管理思路。当然，多数工人认为这样做很公平，因为"领导就必须承担领导责任"。海尔洗衣机分管质量的负责人触动很大，决定自罚 300 元，做书面检查，同时制定措施，从体系上对洗衣机的质量进行整改。这种并非简单地撤换管理人员，而是采用公开监督、披露信息的办法，促使海尔 OEC 管理模式在红星建立起来。

在海尔全新管理理念的导向下，原红星电器公司的一切工作都围绕市场展开：一是建立健全质量保证体系，建立行之有效的奖罚制度，使产品走向市场有了可靠的保证。二是建立高效运作机制，全面调整内部

---

[1] 郁迪：《海尔文化激活"休克鱼"——海尔兼并原青岛红星电器厂》，载《中国商贸》，1999 年第 1 期，第 44 页。

机构。撤销原来的 34 个处室，成立销售部、财务部、制造部、技术质量部、综合部和科研所，实行 5 部 1 所管理。按照"公开竞争、择优上岗"的原则，中层干部由 105 人减至 45 人。尽管精简干部这一工作难度太大，但柴永森总经理还是坚持按海尔的文化模式调整了基层管理班子。三是改革干部制度，变"相马"式的干部提拔制度为"赛马"式的竞争制度。公开招聘、选拔一流人才，充实各部门的干部岗位，仅销售部门就招聘了 50 多位大专以上学历的营销人员。崭新的用人观念，调动了干部的积极性，给企业注入了活力，也使洗衣机营销系统寻找到了新的启动点。四是调整销售战略，重塑市场信誉。根据国内市场和消费者需求，克服种种困难，加大产量，将过去单纯面向国际市场的全自动洗衣机也投放入国内市场，并冠以朗朗上口的"小神童"新品牌；新开发了一种适销对路、大容量的气泡双桶洗衣机，起名为"小神泡"。将两种新品牌产品投放全国各地市场后，海尔一炮打响，供不应求，重新赢得了失去的洗衣机市场。

海尔集团扭转了原红星公司营销人员在开拓市场方面的被动思想，指出"只有淡季思想，没有淡季市场，越是淡季越应该做工作，越是淡季做工作越能得到收获。"[①] 改变营销人员在洗衣机销售淡季常常待在企业里轧账囤积的旧习惯。公司临时筹措出差资金，发动营销人员在淡季走向全国各地市场。强大的"淡季攻势"果然使沉寂的洗衣机市场红火起来了，最成功的例子是"小小神童"洗衣机的研制开发。每年 6—9 月是洗衣机销售的淡季，然而夏天人们不是不需要用洗衣机洗衣服，而是现售的洗衣机容量太大，多数为 5 千克型，换下一件衬衣扔到功能为 5 千克的洗衣机里，要浪费很多水，所以不会频繁使用洗衣机。针对这一现象，海尔开发了"小小神童"洗衣机，1.5 千克容量，3 个水位，最小水位洗两双袜子。这种洗衣机一经开发出来，开拓了一个淡季洗衣机市场。当其他洗衣机产销量下降时，海尔"小小神童"

[①] 毕亚军：《张瑞敏非凡的创业与传承》，https：//www.haier.com/press-events/news/20211108_172899.shtml（访问时间：2021 年 11 月 7 日）。

产销量却直线上升。

"没有思路就没有出路",海尔总裁张瑞敏认为,开拓市场,重要的是思路。经过一系列工作,原红星的干部员工已经开始体会并看到海尔文化的神奇之处与所产生的市场效应。

【思考应用题】

1. 围绕海尔激活"休克鱼"的过程,分析海尔在企业文化植入和灌输方面遇到了哪些困难,又是如何成功化解的。

2. 海尔在处理"范萍事件"中运用了"80/20原则"的管理思路。请举一反三,列举实例谈谈如何利用"80/20原则"管理思路解决大学校园生活中的团队管理、项目管理等问题。

案例23 "专业课程+劳动实践"活动:企业文化调研

劳动教育融入专业教育是新时代人才培养模式改革的基本要求,"专业课程+劳动实践"不仅是促进学生树立正确劳动价值观、弘扬新时代劳动精神的重要载体,也是专业课程理论应用于实践和巩固所学专业知识的重要形式,更是提升学生劳动能力、学习能力、创新能力的有效手段。未来劳动的专业性更高、综合性更强、技术性更强,通过开展"专业课程+劳动实践"锻炼,学生可以感受"现代科技条件下劳动实践新形态、新方式",提高对所学专业的发展方向和前沿信息的敏感度,做好新劳动形态下的职业规划。

【教学目标】

知识目标:学生掌握组织文化的概念及构成,悟透、会用组织文化的功能,掌握组织文化的塑造方法,加强对"社会劳动规范知识"的认识,进一步加深对课堂上所学理性知识的理解,实现感性知识与理性知识的融会贯通。

能力目标：提升学生用理论知识识别、挖掘问题，创造性解决组织管理中常见问题的能力；培养学生的组织管理能力及沟通协调能力。

素养目标：培植劳动创造价值的理念，养成爱岗敬业、诚信服务、遵纪守法等职业修养；增强开拓创新、团队协作等意识。

思政目标：通过实地调研让大学生懂得尊重劳动、珍惜劳动成果，进而更好地进行创造性劳动，在劳动创造中实现人生价值。

【劳动内容】

以"重庆市×××公司管理中存在的常见问题——基于企业文化视角"为题，实地调研一个公司，撰写调研报告一份。

【劳动方法】

本案例主要采用了实地调研法。调研时应系统、客观地收集、整理和分析目标企业的各种相关资料和数据，用于形成后续的调研报告。

【劳动过程】

1. 拟定项目选题表。（见表4-1）

表4-1 "管理问题解决方案设计"选题表

小组名称		组长	
管理问题			
问题单位名称			
问题单位简介	填写说明：须包括机构网址、所属行业、主营业务、规模及行业地位等		
问题描述	填写说明：须清楚描述实际的状况与理想或预期状况的差异，问题出现的时间和地点、表现形式和方面等		
问题产生背景	填写说明：须清楚说明这个问题为什么会出现，可以通过初步的预调查了解		
问题研究重要性	填写说明：说明问题的危害性或解决该问题对于组织发展的重要性等		
备注			
教师点评			

2. 确定阶段性中心任务和工作重点。

3. 分解劳动内容,以求让预期目标具体化、明确化。

4. 构建团队组织框架,明确小组成员的任务分工。

5. 拟定调研方案。(见表4-2)

表4-2 "管理问题解决方案设计"调研方案

××××问题调研方案
(制定时间:×年×月×日)
调查方案设计是对调查工作各个方面和全部过程的通盘考虑,包括整个调查工作过程的全部内容。调查方案是否科学、可行,是整个调查成败的关键。 　一、调研目的和目标 　　说明为什么要进行这次调研,想要通过调研达到什么目的和目标。 　二、调研对象和单位 　　确定调查对象和调查单位,是为了解决向谁调查和由谁来具体提供资料的问题。例如,哪些学校(对象—集合)中的哪些教师和学生(单位—个体)。 　三、调研内容和项目 　　明确向调研单位了解什么内容、项目,就是明确为了调研这些内容,计划向被调查者提出的问题。怎么问是设计调查问卷或设计访谈时来确定。这里要明确为了达到调查目的和目标应调研什么内容和问什么问题,并说明为什么(相应的理论依据)。 　四、调研期限和时间 　　要明确我们要调查的是哪段时间内发生的事情,总体上要在什么期限范围内完成调研工作。前一句讲的是调查内容应限定在什么时间范围内,后一句指的是我们的调研工作要从什么时候开始、什么时候结束。 　五、调研地点和方法 　　调研地点是指在什么地方实施调研,要有利于达成调研目的和目标。方法是指采用什么组织方式和方法取得调查资料。搜集调查资料的方式有普查、重点调查、典型调查、抽样调查等。具体调查方法有文案法、访问法、观察法和实验法等。要明确哪些调研内容用哪种调研方法获得,并说明为什么。要注意多种调研方法的综合使用。 　六、具体调研实施计划安排 　　根据前面各条,进行具体分工和时间进度安排。可列表说明工作内容、责任人、时间和结果要求等。

6. 明确计划实施的地点与时间,了解计划实施的环境条件和限制,以便合理安排计划实施的空间组织和布局。

7. 撰写项目实施总结。(见表4-3)

8. 撰写课题研究报告。(见表4-4)

表4-3 "管理问题解决方案设计"课题实施总结

调研的总结
课题实施总结主要是对课题的实施过程进行描述,并对课题开展过程中内部成员之间的分工协作情况进行说明。 一、工作过程简要总结 说明整个课题研究从选题到提交该总结报告,整个实际进展和各项工作开展情况。可以按照工作流程来展开说明,总结做法、工作中出现的问题以及解决方法。 二、成员内部分工协作情况 说明在整个课题研究过程中,各组织成员承担了什么工作,做了哪些事情,以及内部成员对各成员和各项工作结果的评价。可以按各个成员做了什么、协作情况、群体对其工作的评价来展开说明。 三、课题研究小组体会 对通过本研究活动学到了什么、得到了什么经验教训进行总结,并对该项调研工作作出评价,提出对该课题研究活动的建议。每方面总结3~5点即可。在小组总结的基础上,也可加上成员个人的感受。

表4-4 "管理问题解决方案设计"课题研究报告

课题研究报告 ××××问题的调研与对策分析
作者:××学习小组,×年×月×日 摘要:大约用300~500字说明本调研研究什么、为什么要研究该问题,研究思路和得到了什么成果。 关键词:用3~5个主题词说明 开头一段,提出问题,说明本文将要开展的研究。 一、调研对象和方法 说明调研了什么人,多少人;采用了什么调查方法来调查什么;通过什么分析方法或思路来进行分析或研究。 二、调研结果概述 根据调研,得到了什么结果,分不同维度展现调研结果,如问题发生的程度、出现的现象、问题发生的原因等,以及学生的看法、教师的看法等。在这一部分中,只展现调查结果,不进行分析和讨论。 三、分析与讨论 根据前面的调研结果,结合所学理论知识,对调研结果进行深入和系统的分析与讨论,寻找出所存在问题产生的原因,运用理论说明为什么。 四、对策研究 通过前面的原因分析,结合理论与最佳实践案例,提出解决该问题的对策建议。对策建议要有针对性和一定的可操作性。解决思路和对策措施的提出要有一定的理论依据。 结语 对该问题研究的心得、下一步行动计划、已经取得或可能取得的预期效果进行展望。 备注:PPT演讲稿应包括对所研究问题的描述、研究思路描述、调研过程说明、团队分工协作情况说明、研究成果展示(包括调研结果、对问题的分析、解决思路、具体对策建议、已经取得或预期可取得的结果)、研究心得这六个部分。 附录 附录包括调查问卷、访谈提纲、参考书目或文献等。附上调查问卷等,列出参考文献。

【劳动成果】

企业调研劳动成果示例：

管理学课题实践报告

题目：关于重庆青年旅舍发展问题与对策（基于企业文化视角）的调研

课程小组：×××级×××班第×××小组
小组成员：×××、×××、×××、×××、×××
指导教师：×××

××××年××月××日

关于重庆青年旅舍发展状况及问题（基于企业文化视角）的调研方案

（制定时间：2021年11月21日）

重庆作为一个旅游业蓬勃发展的城市，一部分与旅游相关的产业发展迅速。其中"以大众旅行者和中小商务者为主要服务对象、以客房为唯一或核心产品、价格低廉（一般在300元人民币以下）、服务标准、环境舒适、硬件上乘、性价比高"的经济型快捷酒店的发展不容小觑，包括7天、速8、汉庭、锦江之星、中州快捷、如家等。然而随着社会经济的发展，人们的旅游观念也不断改变，越来越多的青年人注重文化交流、结交更多朋友。在此背景下，青年旅舍凭借独特的企业文化和精准的品牌定位，以"安全、卫生、友善、舒适、经济、环保"的旅游观吸引了众多消费者，并将"青旅"打造成一个广阔的、充满奇遇色彩的社交平台，在重庆地区得到了快速发展。青年旅社模式突破了传统酒店行业的管理模式，成为酒店行业与众不同的一道风景，因此其企业文化成为本次调研的重点。

一、调研目的和目标

本次调研目的有二：一是了解以青年旅舍为例的酒店企业文化有何特点；二是重点分析青年旅舍与其他酒店企业文化的相同和差异之处，及其对企业发展产生的影响。

本次调研和分析目标主要包括：一是调研重庆地区青年旅舍的发展现状，了解青年旅舍在重庆地区的发展历程及存在的问题；二是归纳总结青年旅舍运营的商业模式及其特点；三是对"重庆青年旅舍（洪崖洞店）"进行实地考察，了解青旅文化的影响和意义；四是结合调研结果和重庆旅游发展状况，提出重庆青年旅舍未来发展规划。

二、调查对象和方法

本次调研对象是重庆市解放碑洪崖洞处的青年旅舍。

本次调研主要采用访谈调查法、实证分析法以及资料收集方法。其中资料收集主要是通过网络进行二手资料的收集和通过访谈调查进行一手资料收集。

三、调查内容

本次调研涉及的内容主要包括青年旅舍在重庆的经营和发展状况，青年旅社在消费者中的认知程度、评价及期望，青年旅舍的企业文化特点、竞争优势。

四、调研计划

本次调研具体实施计划安排见表4-5。

表4-5 调研实施计划安排

序号	姓名	分工	完成时间
1	×××	访谈记录、撰写报告	2021-11-26
2	×××	PPT制作、课堂汇报	2021-11-27

序号	姓名	分工	完成时间
3	×××	前期联系、实地调查	2021-11-21
4	×××	收集资料、统计数据	2021-11-25
5	×××	分析数据、研究问题	2021-11-25

调研报告：

关于重庆国际青年旅舍发展的问题与对策分析
——基于企业文化视角

作者：第三学习小组，2021年11月26日

摘要：一流企业做文化，二流企业做品牌，三流企业做产品。企业文化是企业的核心竞争力所在，既包括价值观、行为准则、经营理念、核心精神等精神方面的内容，也包含规章制度和行为规范等内容。重庆作为一个旅游业蓬勃发展的城市，与旅游相关的产业发展迅速。青年旅舍拥有独特的企业文化和精准的品牌定位，以"安全、卫生、友善、舒适、经济、环保"的旅游观吸引了众多消费者，并将"青旅"打造成一个广阔的、充满奇遇色彩的社交平台，这也是重庆国际青年旅社得以快速发展的根本所在。

关键词：企业文化；青年旅舍；连锁酒店；青年消费者

青年旅舍不同于经济型酒店，其倡导"友善（welcome）、清洁（cleanness）、安全（safety）、隐私（privacy）、舒适（comfort）、环保（environmental）"的旅游观；鼓励旅客关注自我成长、关注社会、关注自然；目标是通过旅舍平台促进青年间的文化交流，帮助青年人"读万卷书，行万里路"，从身边做起，从小事做起，实践环保，履行对自然、对社区、对青年教育的社会责任，从而促进世界可持续发展。而重庆这个旅游业发达、年轻旅客居多的城市，为其发展壮大提供了良

好机遇。青年旅舍的特点有三：一是不提供酒店式的服务；二是形式多元化（如民俗体验旅舍、主题旅舍、LOFT 旅舍等各种形式）；三是极其注重公共交流活动空间，设有自助洗衣房、自助厨房、小卖部，提供上网、行李储存、旅游咨询及餐饮服务，还提供以床位出租为单位的多人房模式（一般为 3 至 6 人房），方便旅客以最经济的方式最快地交到众多朋友。本次调研即围绕重庆青年旅舍的企业文化展开，在合作分工和充分论证之后，形成了本次调研分析结果。

一、重庆国际青年旅社的企业文化简介

（一）企业价值观

重庆国际青年旅舍突出文化交流，通过鼓励世界各国青少年，改善青年人的度假条件，尤其是那些条件有限的青年人，推动其更加广泛、深入地认知、关爱和关心乡村，欣赏和感受世界各地的城镇的文化价值，从而推进他们的教育。与此同时，无论是在国内还是海外，青年旅舍或其他旅行住宿都能为各国青年人提供一个不分种族、国籍、肤色、宗教、性别、社会等级或政治见解的环境，以增进发展他们彼此之间的了解。

（二）企业组织精神

重庆国际青年旅社的组织精神体现在两方面：一是推广"读万卷书，行万里路，在旅行中认识世界和自己"的教育理念，寓教于游，寓教于乐，以轻松的形式将文化与传统的精华潜移默化地引导青年自助及助人；二是培育青年的社会意识、个人意识、文化意识、对多元文化的包容意识、环保意识，引导青年实践环保，爱护大自然，过简朴而高素质生活。

（三）企业道德形象

在国际青年旅舍的企业价值观基础上，每一家青旅也为自身发展量身打造了青旅文化。重庆国际青年旅社长期致力于传播山城文化，展示重庆魅力，店内定期开设"旅行分享会""玩转重庆"等活动，希望来青旅的人们能够爱上重庆。正如旅舍老板所说："有一种生活叫旅行，有一种态度叫随性。这就是背包独行天下的我的写照。我曾独自一人，

背包游走日本、欧洲各国东南亚地区，如今是一家民宿客栈和国际青旅的老板。与其说是老板，不如说是一位带着大家找乐子的组织者。"在这里，有各种活动，DIY、换书、慢递、美食PK……这些可能和客栈搭不上边的奇思妙想，成就了如今的国际青年旅舍。通过采访这里的房客，大家都说："这里像自己的家，如果你不喜欢太嘈杂的环境，如果你喜欢在旅途中慢下来，那么选择国际青旅，一定不会让你失望！"

二、重庆国际青年旅社与同等规模连锁酒店对比

（一）经营理念

重庆国际青年旅舍通过旅舍服务，鼓励世界各国青少年，尤其是那些条件有限的青年人，认识及关心大自然，发掘和欣赏世界各地的城市与乡村的文化价值，并提倡在不分种族、国籍、肤色、宗教、性别、阶级和政见的旅舍活动中促进世界青年间的相互了解。而同等规模的商务宾馆、酒店、招待所则秉持"顾客就是上帝"的理念，或无明确理念。

（二）经营目标

重庆国际青年旅舍推广"读万卷书，行万里路"的教育理念，寓教于游，寓教于乐，以轻松的形式将文化与传统的精华通过潜移默化的方式，引导青年自助及助人，培育青年的社会意识、个人意识、文化意识、多元文化包容意识、环保意识，以此来获取相对较低的合理利润；而同等规模的商务宾馆、酒店、招待所则是以获得最大利润为目标。

（三）网络及品牌

重庆国际青年旅舍提供的网络覆盖100多个国家和地区，品牌有近百年历史，已在70多个国家注册，并适用于加入马德里条约的所有国家，在世界特别是在青年人中享有极高声誉。对比来看，同等规模的商务宾馆、酒店、招待所则各自为政，或网络松散，或覆盖面小；高档品牌网络范围窄，使用者数量少；中低档品牌目前大多为地区性品牌，缺乏国际知名品牌。

(四) 目标市场及营销

重庆国际青年旅舍目标市场主要是青年人（特别是青年学生）、背包旅游者、家庭旅游团。宣传促销手段包括：通过覆盖全球的国际青年旅舍联盟(IYHF)网络，并用英、德、法、西四国文字进行宣传，会员国间的网页及会员刊物的相互介绍；通过会员口碑进行宣传；等等。对比来看，同等规模的商务宾馆/酒店/招待所主要服务于商务客、度假客，或无明确目标市场；在宣传促销手段方面，一是无覆盖全球的宣传促销网络，二是通过旅游广告、宣传手册、旅游交易会等促销活动进行宣传促销，手段比较单一。

(五) 价格与服务

价格方面，重庆国际青年旅舍便宜实惠，会员价格较稳定并更优惠；同等规模的商务宾馆/酒店/招待所价格较高，价格随行就市、波动大。服务方面，重庆国际青年旅舍服务对象主要以会员为主，同时会组织丰富多彩的文化交流活动，配合教育部门、青年组织开展活动，提供自助游咨询服务，为会员提供预订服务，代售国际青年旅舍会员卡。对比而言，同等规模的商务宾馆/酒店/招待所主要以提供住宿、餐饮及商务配套服务为主，无统一会员体系及预订网络。

(六) 质量监控

重庆国际青年旅舍的质量把控较为严格，IYHF及各国家（地方）协会制定关于旅舍硬件及服务的统一标准；IYHF及地方协会定期进行年审、暗访及抽样检查；IYHF通过各加盟旅舍派发国际免邮资意见卡，定期进行国际会员意见调查，并向协会和旅舍反馈。对比而言，星级酒店由国家和地方旅游部门进行年审，其他酒店或招待所无系统和统一的质量监控体系。

三、重庆青年旅社发展过程中的竞争优势及问题

(一) 竞争优势

1. 市场潜力巨大

青年旅舍最初是以青少年学生为主要接待对象的住宿设施。调研数

据表明，2020年中国高校大学生人数在2700万人左右，而在校大学生中90.2%表示在疫情解除、条件适合的情况他们都愿意出游，这表明中国青年学生市场潜力巨大。随着我国人均收入水平的提高，旅游的人数在增加，自助游、自驾游、背包客一族等散客旅游市场已成为旅游大军中不可忽视的力量，而青年旅舍所提倡的"自助、环保"的经营理念和这几种旅游市场的"自助"的旅游特点不谋而合。

2. 价格优势显著

国际青年旅舍目前已成为世界上最大的住宿连锁组织，其价位多数在50元到100元之间。各地区经济发展状况不一样，价格也会有所差异。不过多数青年旅舍的价格都能被游客接受，而且也得到了广大年轻游客的认可，成为大多数年轻游客的首选。

3. 市场细分明显

青年旅舍的目标市场，从年龄或职业来看，是以大学生为主体的青年或青少年；从旅游类型来看，以生态旅游者、自然旅游者为主；从旅游市场发展形势来看，这两方面的市场都是成长态势。我国的学生旅游市场已经具备一定的规模。据文化和旅游部的统计，我国学生旅游市场约占国内旅游市场的十分之一。若以年龄结构划分来看，国内旅游者中，24岁以下的旅游者占绝大多数；海外旅游者中，24岁以下的旅游者达百万人。

4. 文化特色鲜明

青年旅社不同于其他的酒店、宾馆，每个青年旅舍都有自己的特点和独一无二的风格。旅舍的特点或是体现在建筑风格独树一帜，或是体现在内部设施精致巧妙，或是体现在突出当地文化特点，或是体现在文化交流丰富多彩。青年旅舍是经济型的，不提供酒店式服务。青年旅舍提倡简朴及精神方面的高素质生活，提倡助己助人。青年旅舍鼓励旅客关注自我成长、关注社会、关注自然，倡导浪漫的理想主义旅游观。青年旅舍是家庭之外的港湾，是学校之外的课堂，是青年旅客的栖息所。当前，国际青年旅社不仅是一种住宿场所，俨然已成为一种旅行和旅行文化的代表。

（二）存在的问题

1. 产权维护问题

青年旅舍注册的是单体商标，很容易被一些组织和私人钻空子。使用 youth hotel、青年旅馆、青年饭店等近似的文字和图案与获得认可的国际青年旅舍争夺客源的现象屡见不鲜。很多未获得 IYHF 联盟特许加盟的青年旅舍通常硬件设施不达标，服务质量差，甚至无法保障房间的环境卫生和物品安全。因此，在进行品牌营销的同时，重庆国际青年旅舍经营者要注重保护品牌知识产权。

2. 服务质量优化问题

顾客评价表明，房间和厕所卫生以及网络服务方面需要从细节进行优化提升。此外，青年旅舍安排上下两层床铺及男女混居等现象日益引起顾客不满。针对这一问题，目前国内正规加盟的青年旅舍，几乎可以保证将游客按性别分房间，基本排除了混住的情况；在不可避免的情况下，可以考虑增加部分隔离的措施，让居住的人感觉到自己的隐私不被侵犯。

3. 核心竞争力提升问题

同等规模的商务宾馆、酒店、招待所等经济型酒店的崛起，直接分流了重庆青年旅舍的客源。但现在的经济型酒店多没有自己的特色文化，而青年旅舍 100 多年来形成的独特文化和精神内核就是核心竞争力，未来发展过程中应当突出特色。青年旅舍的活动应围绕文化交流和文化传播开展。青年旅舍的顾客基本以旅游观光为主要旅行目的。调查显示，他们对一个地方的历史遗迹、美食、自然风光尤其偏好。如果旅舍的管理人员能够发挥东道主的优势，为客人提供更加实用的旅行信息，推荐个性化的旅行路线，将大大提高该旅舍的吸引力。

4. 选址及定价问题

本次调研数据显示：青年旅舍的地理位置和住宿价格是游客选择入住与否的最主要因素。客源市场的调查结果显示，30 岁以下的青年人占顾客总数的 70%，多是没有固定收入的学生群体，对价格的敏感度较高，有32.7%的游客在选择旅舍时把价格作为首要因素。区位优势也将大幅提升青年旅舍的竞争力。青年旅舍选址的首要因素应该是周边有便利的交通，其次是临近景区或繁华商业区，当然还应该综合考虑地价因素。另外，在城区的青年旅舍比在郊区的青年旅舍更有竞争力。

四、重庆青年旅社发展建议

（一）扬长避短，发挥优势

与竞争对手相比，重庆国际青年旅舍有文化气息浓厚、独特企业文化等突出优势，但在基础服务、增值服务和客户便利等方面处于弱势。因此，未来在宣传方面要注重扬长避短，突出文化和特色优势。

（二）独树一帜，特色经营

各地青旅在建筑、装潢上进一步贴近地方特色，做到在酒店行业独树一帜，使国际青年旅舍成为"旅社"行业的代名词，进而成为青年朋友的消费首选；抓住消费者喜好，发展会员并做好会员反馈和会员系统维护，为客户带来更多福利。

（三）搭建平台，扩大宣传

在宣传上不拘泥于国际青年旅舍中国站官方网站的宣传，借助去哪儿网、百度地图、携程网和酒店预订APP等平台进行宣传；并可以通过微博、微信等社交平台，制造关于青旅、旅行等话题的热议，通过宣传"青旅"带动旅行潮流。

（四）创新营销，文化认同

广大青年人是青旅的目标市场，国际青年旅舍应当认清大学生群体消费市场，针对目标市场采取公关战略；通过主办"让青旅走进校园""我的城市、你的旅行"等独具青旅特色的活动，推出优惠政策，发展新会员；携手校园媒体、新媒体、校园网络平台等宣传造势，提高知名度，树立企业形象，赢得口碑；通过对青旅企业文化、运营理念的宣传和传播，得到大学生的文化认同，刺激体验和消费。

结语

企业文化是一个企业的立足之本,但只有企业文化还是不够的,关键在于如何将企业文化落地为企业和员工的行为。

模块五　领导篇

本篇围绕新时代企业家精神、领导者风格、领导行为一般理论、领导过程中的激励理论及沟通理论等重难点内容选取案例。在管理实践中，存在个体与组织之间目标不一致、沟通不顺畅等各种障碍，同时需要面对经济贸易全球化带来的跨文化冲突以及新时代催生出对领导能力的新要求。为促使个体行为与组织目标趋同，在领导过程中需要灵活运用激励理论和沟通技巧。

本篇先谈新时代的领导力与传统领导力的异同；然后选取实业救国与教育救国的近代著名爱国实业家卢作孚和致力于现代外贸经济发展的爱国企业家荣毅仁的领导生涯，感悟传统领导者经世济民的家国情怀和奋斗为先的实干精神；接着讲述当代知名企业华为集团独特的"狼性文化"激励机制，领略新时代背景下的企业家精神。

案例24　商务印书馆的使命担当

【摘要】商务印书馆从家族企业向现代企业转变的关键，在于其独特的企业文化，张元济则是商务印书馆企业文化形成的主要奠基者。商务印书馆的企业文化，表现于其"以扶助教育为己任"的宗旨、尊重知识和人才的价值观、踏实认真的工作作风和严格管理的规章制度等方面，在商务印书馆从一间小作坊发展为在中国出版界长期执牛耳过程中，发挥了精神支撑作用。

【关键词】 张元济；商务印书馆；教育救国；组织文化

【适用课程】 企业文化；企业管理；管理学

【教学功能】 该案例主要涉及组织文化的内涵、组织文化的功能以及组织文化的塑造等知识点。通过案例教学，学生掌握组织文化的概念及构成，悟透且会用组织文化的功能，掌握组织文化的塑造方法，加深对课堂上所学理性知识的理解，实现感性知识与理性知识的融会贯通，具备培育组织文化的基本技能。

【思政目标】 引导学生弘扬以张元济为代表的商务印书馆企业家们的爱国主义精神、开拓创新精神；增强学生经世济民的爱国情怀和社会责任意识。

【案例正文】

1932年，日军制造事端，进犯上海。当时的中国正处于求新求变的紧要关头，日军清楚文化出版关系到我国的前途和命运，因而商务印书馆作为中国文化教育的大本营，被日本军国主义分子列为重点轰炸目标。侵沪总司令盐泽幸一说："炸毁闸北几条街，一年半载就可恢复，若把商务印书馆、东方图书馆等中国最重要的文化机关焚毁了，它则永远不能恢复。"[①] 1932年1月29日，商务印书馆惨遭日军轰炸，损失1630万元，80%以上资产被毁。同时被毁的还有商务印书馆所属的东方图书馆珍藏的45万册图书，其中有很大部分是古籍善本和孤本。看着巍峨的东方图书馆成了空壳，多年心血化为灰烬，张元济先生非常悲痛，他在文章中写道，"连日勘视总厂，可谓百不存一，东方图书馆竟片纸不存，最为痛心"。[②]

闻此劫难，全国各大学和文化机构纷纷发表声明，支持商务印书馆

[①] 《为国难而牺牲，为文化而奋斗》，http://www.cnpubg.com/overview/culture/case/2012/1022/214.shtml（访问时间：2012年10月22日）。

[②] 《为国难而牺牲，为文化而奋斗》，http://www.cnpubg.com/overview/culture/case/2012/1022/214.shtml（访问时间：2012年10月22日）。

复业。商务人悬挂出标语"为国难而牺牲,为文化而奋斗",昭示自己的决心。商务印书馆不负众望,迅速调集分散在各地的物资和资金,经过五个多月的努力,终于宣告复业。最令人感慨的是,在那样的历史环境和印制条件下,商务印书馆很快又实现了"日出一书"的奇迹。抗战期间,商务人颠沛流离,辗转于香港、长沙、重庆等地。战争可以摧毁厂房和设备,但摧毁不了"昌明教育,开启民智"的志向,摧毁不了自强不息的文化追求和奉献精神。

在国泰民安的新时期,商务印书馆有着不变的文化担当——"为文化而奋斗"。张元济明确提倡这样的出版态度:"我们是文化建设者,而不仅仅是商人;我们提倡实事求是,而不是夸张和误导;我们提倡社会责任,而不是攫取社会财富;我们提倡首创精神,而不是盗取他人成果;我们培育名牌,而不是捕捉猎物。我们提倡做有良知的出版人。"[1]当社会效益与经济效益发生冲突的时候,商务印书馆毫不犹豫把社会效益放在第一位,这是商务印书馆成功的原因。

商务印书馆自创立之日起,就明确提出了"昌明教育,开启民智"的使命,历经沧桑,无论顺境逆境,从未懈怠。商务印书馆并不是一个专门的教育机构,但是,商务印书馆的出版家们力图从开启民智入手,希望通过提高国民教育水平,达到国家强盛的目的。

作为民族出版机构的代表,商务印书馆怀着强烈的民族自尊心与使命感,承担起了扶助教育和促进文化的双重使命。商务印书馆因教科书编写、出版而成功,一跃成为当时国内最大的教材出版中心,并极大地推进了近代文化教育事业的发展,直到1954年"公私合营"才逐渐缩小了教科书出版事业范围。

20世纪90年代末,教育部开始了新一轮教学改革。2002年年底,商务教育图书编辑室成立。此时的中国教育图书及教辅图书市场正处于繁荣期,尤其是教辅类图书。社会和企业对人才的要求越来越高,"考

---

[1] 《为国难而牺牲,为文化而奋斗》,http://www.cnpubg.com/overview/culture/case/2012/1022/214.shtml(访问时间:2012年10月22日)。

大学""考名牌大学"的无形压力使学生们不得不采取题海战术。市场上随即出现了数不清的"题库""题海""宝典""历年真题名师解析",内容重复率高,质量堪忧。"价格战""折扣战"也异常激烈,导致销量好的往往是折扣最低而非质量最好的图书,这种状况至今仍未得到彻底改变。商务印书馆在这样的市场环境下尝试进行教辅图书出版,出现了"水土不服"的症状。2002 年,商务印书馆出版了第一批教辅图书,但由于这些教辅书按照商务传统的品质要求出版,成本较高、价格也偏高,销售情况很不理想。如果为了降低成本而降低质量,这跟商务一贯讲究靠品位取胜的理念发生了冲突。"如果只是一味地迎合市场,就无疑会破坏商务精益求精的风格,更会损害商务百年的品牌,"教育编辑室主任冯爱珍说,"所以,我们决定放弃这一块市场!"选择进入是一种勇气,而选择放弃更是一种令人赞叹的决绝。[①]

2004 年,商务印书馆为教育图书编辑室重新定位,开始策划素质阅读图书,"大家丛书""文明与文化"丛书等关注中小学生素质教育的丛书相继出版。在图书的整体装帧设计上,商务印书馆也针对特定年龄层次的读者特点,一改以往的素面朝天,转向图文并茂和明亮色彩。随后大批高质量素质教育类图书纷纷出版,如"同学,咱们聊一聊"丛书、"数学之旅"丛书等等。

尽管教育编辑室放弃了教辅市场,但并没有放弃教育图书,而是以独到的市场观察力和判断力填补了高水准素质教育的空白。"选择放弃并不是退却,而是一种坚守。放弃粗劣和不负责任,坚守商务的品牌,坚持出版高质量的图书。"[②]

商务印书馆是我国第一家现代意义上的文化企业,具有深厚的历史传统与不断创新的生机活力。商务印书馆的坚守和成功,至少给我们三

---

① 《品牌至上:放弃也是一种坚守(商务印书馆)》,http://www.cnpubg.com/overview/culture/case/2012/1022/229.shtml(访问时间:2012 年 10 月 22 日)。

② 《品牌至上:放弃也是一种坚守(商务印书馆)》,http://www.cnpubg.com/overview/culture/case/2012/1022/229.shtml(访问时间:2012 年 10 月 22 日)。

点启示：

第一，文化企业要有家国担当。商务印书馆在历史上有过一次转型，在张元济先生加盟前，只是一家印刷企业，张元济就任其股东与编译所所长后，转型为现代意义上的出版文化企业。张元济下决心把"昌明教育、开启民智"作为商务印书馆的立社之本与发展之魂，这一文脉延续到今天。可以说，中国现代出版业从诞生的那一天起，就与国民教育、文化救国有着先天的内在联系。这也启示今天的我们：任何组织在任何时候都要坚持以人民为中心的正确方向，忠实地服务于党和国家的工作大局，如此而为，才会有蓬勃生命力与持久影响力。

第二，文化使命是出版企业的根本使命。商务印书馆在不同历史时期推出不同出版物，最初针对"两千年以来未有之大变局"，出版了《最新国文教科书》；接着针对民众的文化需求，成为各种辞书、工具书的出版基地；后来，又大量翻译出版西方学术名著，力图牵引整个民族进入现代文明的主航道。此外，还编纂出版中华经典，接续民族文明的香火。换言之，商务印书馆始终把文化使命摆在了第一位。

第三，出版繁荣归根结底在人才。商务印书馆不仅为一代又一代民众持续提供积极、进步的思想文化滋养，同时也孕育出一批又一批编辑、出版名家，他们兼具思想、学术、文化、理论、文学大家的风采。据统计，在商务印书馆的编辑出版家中，有十人先后当了大学校长。张元济、陈望道、高梦旦、王云五、郑振铎、胡愈之、陈翰伯、叶圣陶、沈雁冰等文化名家都曾在商务印书馆工作，都曾以自己的学术成就深刻地影响中国近现代文化发展的进程。长期坚持文化使命第一，争取文化使命与商业利益有机统一，不难造就众多的文化精英与名流。这告诉我们：深入地而不是肤浅地、长期地而不是短暂地坚持正确的出版方针，秉持工匠精神，最终必然形成一支以文化使命为己任的编辑队伍与名家团队，而这恰恰是一种更大的文化成就，也是当代青年企业家应学习和追求的企业文化。

【思考应用题】

1. 围绕案例，思考和分析当代青年如何坚定"四个自信"，培养家国情怀，践行爱国主义精神。

2. 围绕商务印书馆对企业文化的坚守，分析企业文化的影响因素及如何塑造组织文化。

案例 25　新时代的领导力

【摘要】 我们生活在一个不断变化、充满活力、充满竞争和挑战性的世界里。企业发展面临的环境是复杂的、多变的、充满不确定性因素的，组织面临的最重大挑战是领导力——国际化和价值观的挑战。

【关键词】 领导力；以人为本；创新

【适用课程】 管理学；企业文化；创新创业管理；人力资源管理

【教学功能】 本案例主要涉及领导的本质、领导者风格及领导行为一般理论等知识点。通过案例教学，学生加深对优秀企业家应具备基本素养的理解，体悟企业家的管理艺术和沟通能力、激励能力。

【思政目标】 弘扬勇于创新、敢担风险的企业家精神；引导学生正确认识世界形势和中国特色，努力成为德智体美劳全面发展的时代新人。

【案例正文】

新时代需要新经济，新经济需要新的领导力。新时代领导者要有新时代的风范，领导者特质（领导力）要与传统时代有所区别，突出体现在以下几方面。

一、强调以人为本

新时代的领导力的宗旨是以人为本，改变传统以物为本的领导方式。当今时代，新生代（80 后、90 后、00 后）逐步成为社会创新的关键主体,是最富活力的社会群体。他们生活在互联网时代,文化程度高,自我意识强,发展潜力大,大多是知识群体,有别于传统的劳务群体,因而新领导力要从注重胜任力为主转向注重创造力为主。创造能力在当今时代是最为宝贵的,应最大限度发挥新生代的创造潜能。

二、强调以创新为纲

新经济本质上是创新型经济,新经济以创新为纲,以创新劳动为驱动。创新呼唤新的领导力,领导者要从领导劳务员工为主转向领导知识员工为主,从组织资源型、加工型经济为主转向组织知识型、科技型经济为主,从管理物质生产为主转向管理数字生产为主,以适应新经济发展的内在需求。

创新的根本在于人才。企业管理重点培育两类人才:一是创新型企业家,企业家的使命就是创新。现代企业要从企业家个体领导走向团队领导,培育创新意识强烈的企业家团队。二是创新型专业人才,专业人才应富有新知识和新技能。现代企业要培育学习能力强的新兴技术人才和管理人才,特别是复合型人才。

三、强调以管理赋能为基

工业经济时代的管理以控制为主,组织流程乃至人员长期固化,过度管理的方式制约了人们的积极性和创造性。新经济时代要重新定义管理,将管理变成服务,将控制变成赋能。

赋能的内涵有三点:一是赋权力,二是赋资源,三是赋本领。赋能为基,应实现人性化管理,回归人的本性,使人具有更大的自由度和灵活性。企业通过给予员工更多的自由时间,激发员工的创造力。

四、倡导量子领导

最新的领导理论为量子领导理论,量子领导的核心是量子思维。量子是相对原子而言的,原子是固定的、稳定的,量子是变化的、随机的。当今时代具有量子特征,即不确定性、处于混沌失控状态,主要表现为多变、快速和复杂,并且不确定性原理已渗透到经济和社会的方方面面。现代领导应具有量子思维,适应不确定性的新常态,确立联系、动态和开放的大思维,增强概率和弹性新意识,以提升新的领导力。

面对不确定性,量子领导的最大特点是拥抱变化。许多企业生于机会,死于变化。在变化面前要敢于试错,试错的成功率为50%,不试错的成功率为0%,在试错与纠错中求生存、求发展。针对不确定性,领导者在确定目标后,首先要敢于行动,跨出第一步,通过小步试错,对照目标,反馈迭代,不断优化,最终达成目标。量子领导是时代化的新领导力。

五、贯彻新价值观

价值观是新领导力的根基,价值观的创新造就新的领导力。价值观首先是认知力。领导者之间竞争力的差距,主要表现为认知力、学习力的差距,而学习力是领导最基本的能力。

学习力有两大内涵:一是加强知识和能力的学习,提高领导的综合素质;二是提高应对变化的能力。面对变化大潮流要敢于、勇于变革。在潮流面前,任何优势都是渺小的、脆弱的。机会永远大于风险,面对风险要勇于挑战,要用机会来克服风险。

价值观是软实力,当前不少企业的硬实力较强,但软实力较弱。认知力、学习力、新思维是领导的重要软实力。优秀企业家需要具备五大特质:一是懂得自我管理,二是努力打破平庸,三是坚持学习,四是时常保持危机感,五是永不停止进步。新时代的领导者,在充分认知时代环境的变化及自身努力方向的同时,也应继承和发扬优秀企业家特质,从个人领导力进阶到组织领导力,能够真正做到人治、法治、心治的完美结合,推动企业走向一流标准。

【思考应用题】

1. 你认为新时代对于企业领导者有哪些新要求？新时代领导者与传统领导者最大的区别是什么？

2. 结合案例中的"量子领导理论"，分析新经济对经管专业人才的需求有哪些突出特点，新时代青年应当如何提升自己，以适应时代的变化。

案例 26　坚持实业救国与教育救国的"中国企业家之魂"——卢作孚

【摘要】卢作孚是我国近代著名爱国实业家、教育家、社会活动家，中国航运业的先驱，被誉为"中国船王""北碚之父"。作为一个企业家和领导者，他追逐利润，但也始终胸怀家国，致力于改良社会。他一生坚守两大理念：一是实业救国，二是教育救国。毛泽东评价他是"中国近代史上万万不可忘记的人"，冯玉祥夸他是"最爱国的，也是最有作为的人"。

【关键词】卢作孚；企业家精神；领导者风格；爱国实业家

【适用课程】管理学；企业文化；领导科学与艺术

【教学功能】本案例主要涉及企业家精神、领导的内涵与领导艺术等知识点。通过案例教学，学生感受到优秀企业家应具备的基本素养，体悟企业家的管理艺术，提升用理论知识识别、挖掘问题的能力，同时增强学习兴趣。

【思政目标】弘扬以卢作孚为代表企业家的敬业爱国、艰苦奋斗、开拓进取、敢于担当、乐于奉献精神；引导学生感悟空谈误国、实干兴邦的深刻内涵。

【案例正文】

一、领导中国的"敦刻尔克大撤退"

卢作孚幼年家境贫寒，辍学后自学成才。1910年加入同盟会，从事反清保路运动，投身辛亥革命。1914年担任合川中学教师，后任报纸编辑、主编、记者。1922年任永宁道尹公署教育科科长，邀请好友恽代英到泸州川南师范出任教务主任。恽代英擅长以雄辩的演讲、生动的文章鼓舞广大进步青年，主张以武装斗争的方式来救国救亡；但对于恽代英在讲演中谈及用武装斗争的革命形式来拯救中国，卢作孚当场提出异议，"炸弹力量小，不足以完全毁灭对方；你应当使微生物，微生物的力量才使人无法抵抗"，他还补充道，"看得见的不是力量，看不见的才是力量。"① 恽代英主张走十月革命的道路，卢作孚认为不宜单一革命，还要用实业造福人民，启蒙心智。他们约定：卢作孚搞建设，恽代英搞革命，双方将来要"殊途同归"。

1925年，卢作孚创办了民生公司，陆续统一川江航运，迫使外国航运势力退出了长江上游。"崛起于长江，争雄于列强"，这在当时几乎是不可想象的事情，但卢作孚和他的民生公司做到了。十年后，卢作孚相继在上海、南京、武汉、宜昌等地设立分公司，成了名副其实的"船王"。

1937年，抗日战争全面爆发，卢作孚立即向全公司发出号召："民生公司应当首先动员起来参加战争。"而后平津陷落、淞沪败退，上海、南京、武汉纷纷沦陷，自古被誉为"川鄂咽喉"的宜昌，俨然已经成为全中国命运的"咽喉"。

1938年10月，武汉会战即将结束，国民政府即将放弃武汉，想要通过宜昌中转至川渝大后方的难民达到高峰，候渡的各类人员最多时超过3万人。

---

① 吴晓波：《跌荡一百年：中国企业1870—1977：上》，北京：中信出版集团2014年版，第279页。

当时能够入川的公路不多，更没有铁路。大批难民、80多家工厂设备、军队物资、武器弹药等想要入川只能选择水路，但水路运力有限，因此大批物资源源不断地堆积堵塞在宜昌长江三峡的门口。尤其是13万吨战略器材如果不能及时入川，不仅影响大后方军事工业重建，而且一旦被日本人掠走，后果不堪设想。然而宜昌可供运输的船只只有民生公司的20多条轮船和几艘其他公司的轮船，按照正常运力，想要全部运走这些人流和物资，差不多需要一年时间。最关键的是，还有40天左右长江枯水期就要到了，这就意味着人员和物资必须在40天之内完成运输，这几乎是不可完成的任务。

危急存亡之时，卢作孚亲抵宜昌并立即召集公司高层商议对策，亲自指挥抢运物资入川。他临危受命，被国民政府任命为军事委员会第二部副部长兼农产、工矿、贸易调整委员会运输联合办事处主任，并承诺40天完成转运，运价只收平时的十分之一。增加码头设备、增加港口木驳数量、增加装卸工人、增加工人工资标准……卢作孚立刻就做出了决定。不论白天黑夜，2000多名装卸工不停工作，拼命把尽可能多的物资运送到大后方。为对付日机轰炸，每当夜晚日机飞来，整个码头作业区骤然灭灯，一片黑暗，工人们放下工作就地防空；敌机一过，则灯光齐明，继续作业。民生公司的指挥中心内，电报机24小时不停工作，所有电文由卢作孚亲自处理，庞杂的运送过程中每一个细节他都了然于胸。

在这场惊心动魄的大撤退中，卢作孚和他的民生公司向四川运送了150万人、100万吨货物，仅抢运的军工设备就有兵工署的22厂、23厂、24厂、25厂、巩义市分厂、汴厂、金陵兵工厂、南昌飞机厂等14个，还有大量其他工业设备和党政机关、学校、科研机构、国家文物局物资。这些物资很快组织起钢铁厂、兵工厂、纺织厂，每月生产手榴弹30万颗，迫击炮弹7万发，炸弹6000颗，子弹几百万发，军用十字镐20万把，从而保存了中国工业的命脉，为抗战胜利和大后方建设奠定了基础，也为国民政府发动反攻发挥了重要作用。

除了物资，卢作孚也挽救了数百万人的生命。为了运送尽可能多的难民，他将二等以上舱铺全改为坐票，以增加一倍以上的载客量，同时降低票价，公教人员半费、难童免费。当满载战争孤儿、难童的船只离开宜昌港时，卢作孚亲自到码头送别，孩子们趴在栏杆上放声高歌。此情此景，船上岸边观者无不为之动容。最终，在1938年12月初江水回落之前，宜昌堆积如山的货物终于全部运走，这场中国版"敦刻尔克大撤退"在40天之内顺利结束。其间，民生公司被炸沉船舶16艘，牺牲员工百余人。

撤退完成后，卢作孚在回答关于民生公司经营状况时说："这一年我们没有做生意，我们上前线去了！我们在前线冲锋，我们在同敌人拼命！"① 民生公司的"民生精神"已深入每一个民生人内心。1949年9月，重庆大火，37条大街小巷化成焦土。民生公司冲锋在前，公司经理冒着生命危险用拖轮把两个装炸弹的船拖开，避免了爆炸事件的发生，公司45名正在上班的员工奋力转移被大火围住的2000多名百姓。最终经理以身殉职，45名员工也无一人生存。

二、北碚之父

抗日救亡在当时是时代主题。对于如何救亡，卢作孚认为根本办法是"建设成为一个现代化国家"，而国家现代化的基础在农村。他设想通过农村的现代化建设为国家的现代化提供经验和参考："开展乡村运动。不只是在乡村教育方面如何去改善或推进乡村的教育事业，也不只是在乡村救济方面如何去救济乡村里的穷困或灾变。根本要求是要赶快将国家现代化起来，首先就是要赶快将乡村现代化起来……这是一种创造性的工作，需要在安定的秩序下才能顺利进行，所以首先要创造安定的秩序。我们依着这样的程序在北碚做小小的试验，供小至乡村大至国

---

① 吴晓波：《跌荡一百年：中国企业1870—1977：上》，北京：中信出版集团2014年版，第344页。

家的经营参考。"①

卢作孚一生投入大量精力在北碚进行城市化建设和社会改造试验。1929年,他开始主持建设北碚,六年后由其弟卢子英继续主持。内战结束后,北碚的建设基本上实现了卢作孚原本的设想。

经济方面,建成了四川第一条铁路——北川铁路,开办了当时四川最大的煤矿——天府煤矿,创建了西南最大的纺织染厂——三峡织布厂。文教事业方面,先后成立了中国唯一一家民办科研机构——中国西部科学院,以及中国西部博物馆、北碚图书馆、各类中小学、文化补习夜校、报馆等文化组织。社会公共事业方面,建成了北碚公园、民生医院,通电通水通路。《嘉陵江报》于1931年3月20日以"半年的北碚"为题描述了北碚的巨大变化:"半年来北碚事业积极整饬,民众俱乐部扩充了,街上的电灯照得明亮了,三峡工厂日夜机声轧轧,远远可闻。成立博物馆、兼善校,并改建了公园,实用校也成立了分校,马鞍石也开辟来种了树,原只有一个邮务代办所,现也改设了三等邮局,河边又设立了囤船,远近各界人士来参观的特别多……"②

北碚的变化使人们发出了"北碚简直似城"的感叹。1944年,美国一家杂志称赞"北碚是迄今为止中国城市规划最杰出的例子"。1948年,北碚被联合国教科文组织命名为"基本教育实验区"。著名的华西大学创办者约瑟夫·毕启博士参观了北碚后,盛赞卢作孚总是以一种可怕的步伐在前进。

三、胸怀高旷,公而忘私

1950年6月,当时身在香港的民生公司总经理卢作孚,人生本有多种选择,但他义无反顾地选择返回家乡。正当卢作孚满怀壮志,准备

---

① 《卢作孚:中国企业家之魂》,https://www.sohu.com/a/300435354_351293(访问时间:2019年3月11日)。

② 《卢作孚:中国企业家之魂》,https://www.sohu.com/a/300435354_351293(访问时间:2019年3月11日)。

为国家交通事业作出更大贡献时,形势却突然变化。先是公司高层受到冲击与批判,接着他本人又遭受诸多不公。他本就是个高傲的人,有些羞辱是难以承受的。因此,1952年2月8日,在接受了一场声势浩大的批判后,当晚他给家人写下一封简短的遗书,服下大量安眠药自杀身亡。卢作孚的遗书上面只有两行字:"把家具还给民生公司,好好跟孩子们过。"在他身后,卢作孚创办的民生公司仅在海外就为新中国保存了两千余万美元的资产。后来的船王包玉刚说:"如果卢作孚健在,就不会有今天的包玉刚。"

卢作孚虽为民生公司总经理,其夫人、子女乘坐民生公司轮船也要按规定买票,自己多年来仅靠一份工资维持家庭生活。在担任交通部次长期间,他主动停发自己在民生公司的工资;兼任全国粮食局局长时,也不领全国粮食局局长的工资。他在任何时候都坚持只领一份工资,绝不多领,其他兼职收入也都捐给了北碚的公益事业。

1944年,美国《亚洲和美国》杂志谈到了卢作孚的家居环境:"在他的新船的头等舱里,他不惜从狄菲尔德进口刀叉餐具,从柏林进口陶瓷,从布拉格进口玻璃器皿,但是在他自己的餐桌上却只放着几只普通的碗和竹筷。甚至连船上的三等舱中也有瓷浴盆、电器和带垫子的沙发椅,但他那被称为'家'的六间改修过的农民小屋中,围着破旧桌子的却是一些跛脚的旧式木椅。"[1] 家里的设施近乎贫寒,唯一一件"高级"用具是一把20世纪30年代初期买的小电扇,漆已褪尽,破旧不堪。

卢作孚在《工作的报酬》一文中写道:"最好的报酬是求仁得仁——建筑一个美好的公园,便报酬你一个美好的公园;建设一个完整的国家,便报酬你一个完整的国家。这是何等伟大且可靠的报酬!它可以安慰你的灵魂,可以沉溺你的终身,可以感动无数人心,可以变更一个社

---

[1] 吴晓波:《跌荡一百年:中国企业1870—1977:上》,北京:中信出版集团2014年版,第281页。

会，乃至于社会的风气……"①

被西方人称为"伟人"的晏阳初先生盛赞卢作孚先生是一位完人："我一生奔走东西，相交者可谓不少，唯有作孚兄是我最敬佩的挚友，他是一位完人。"②

【思考应用题】

1. 围绕案例，谈谈什么是企业家，卢作孚先生的企业家精神是什么。

2. 结合卢作孚的经历，谈谈成功的领导者应具备哪些技能及素养。

3. 谈谈新时代青年如何继承和发扬以卢作孚为代表的优秀企业家精神，肩负起新时代的社会责任和使命。

案例27　致力于我国现代外贸经济发展的爱国企业家——荣毅仁

【摘要】 荣毅仁是我国著名的企业家、政治家和社会活动家，在新中国工商业社会主义改造、外贸型经济发展和民生等领域都作出了重要贡献。荣毅仁身上的经济韬略、政治信仰和社会担当等精神，对于青年一代加强道德修养、树立正确价值观，努力学习经济、管理、会计、金融和国际贸易等专业知识，具有重要意义。

【关键词】 荣毅仁；经济韬略；政治信仰；社会担当；企业家精神

【适用课程】 创业管理；行为管理学；企业文化；管理学

【教学功能】 本案例主要涉及新时代企业家精神、领导者风格及领

---

① 卢作孚：《卢作孚：中国企业家之魂》，https：//www.sohu.com/a/300435354_351293（访问时间：2019年3月11日）。

② 《卢作孚：中国企业家之魂》，https：//www.sohu.com/a/300435354_351293（访问时间：2019年3月11日）。

导行为理论。通过案例教学,学生可以感受优秀企业家应具备的基本素养,体悟企业家的管理艺术。

【思政目标】弘扬荣毅仁身上的敬业爱国、勇于担当、开拓创新等爱国企业家精神;激发学生的爱国情怀和提高政治觉悟,引导学生思考个人价值、人生发展、祖国未来等更高层面的问题;培植学生的社会责任感与爱国主义精神。

【案例正文】

荣毅仁(1916—2005)是我国著名的企业家、政治家和社会活动家,在新中国工商业的社会主义改造、外贸型经济发展和民生等领域都作出了重要贡献。

一、经济韬略:推动外贸型经济发展,促进经济效益提升

荣毅仁不仅是个实干家,还是一位优秀的领导者。新中国成立前,他是荣氏家族企业的管理者,经营面粉、纺织、机械等遍及全国的20多家工厂。新中国成立初期,他出任申新纺织印染公司总经理,带领企业实现规模化发展。改革开放后,他出任中国国际信托投资公司董事长兼总经理,极大地推动了中外合作经济的发展。

(一)关注世界经济大势,推动外贸型经济发展

1979年1月,我国改革开放刚起步,需要大力引进国外资金、先进技术、设备以及优秀管理人才,以支持经济建设。邓小平叮嘱荣毅仁"多搞些对外开放和经济工作"。1979年6月,中国国际信托投资公司成立,荣毅仁任董事长兼总经理,积极拓展外贸业务,引进外资和先进设备,招揽各种外贸人才,有力地促进了国内经济建设事业的发展。在制定对外经济方面的法规政策时,荣毅仁根据自身经验积极建言献策。例如,在制定《中华人民共和国中外合资经营企业法》时,荣毅仁提出,对于外方投资应该"只定下限,不定上限",外方的出资比例"不低于25%"。荣毅仁的建议得到了中央的肯定和采纳。

（二）崇尚调查研究，促进经济效益提升

荣毅仁认为，经济效益是发展经济的重中之重。例如，1960年全国棉花产量锐减，许多纺织企业开始利用各类杂纤维作为替代物。针对此种现象，荣毅仁深入实地，察看杂纤维的生产和利用情况，制定了开发利用杂纤维的三条原则：一是根据不同纤维的特征分类利用，二是解决生产设备与杂纤维的适应性问题，三是生产安全问题。再如，1965年荣毅仁带队到西北国棉一厂调查研究，解决了小车间和大轮班一条龙管理之间的矛盾，受到广泛好评，被称为"内行的见解"。

基于长期调查研究和多方论证，荣毅仁总结出了提高经济效益的若干办法：一是选好投资项目。任何投资项目必须提前论证，研究是否有经济效益。二是建立规章制度。资产负债表、成本会计核算等制度是保证项目有序运行的基础，应尽量减少人为因素的影响。三是改革经营管理体制。只有理顺各种经济联系，克服地区之间、部门之间等各种制约关系，注重各部门之间信息交流，才能提高工作效率。四是培养商业人才。根据择优录用的原则招揽各式人才，做到业务知识教育和爱国主义教育并重，经济效益和社会效益并重。

二、政治信仰：确立共产主义信念，坚定走社会主义道路

荣毅仁目睹党和政府的作风，确立共产主义信念，积极参与资本主义工商业改造，坚定走社会主义道路。他以自己的亲身经历，得出这样一个结论："我跟共产党是跟定了的。"

（一）目睹党和政府的作风，确立共产主义信念

荣毅仁通过自己的观察，逐步加深了对中国共产党的认识。上海刚解放时，解放军战士坚决执行命令，绝不打扰老百姓的正常生活。人民解放军是共产党领导下的队伍，军队的所作所为是党的宗旨的真正体现。荣毅仁注意到解放军战士日日夜夜风餐露宿在马路上，深为震撼，是秋毫无犯的人民子弟兵，让他对新生的政权有了好感。

新中国成立后，荣毅仁多次受到毛泽东、周恩来、邓小平等国家领导人的亲切接待。毛泽东鼓励他要为人民做好事，人民是不会忘记的。周恩来时刻关心着他的成长，尤其是"文革"期间专门安排人员保护他们夫妇。邓小平在改革开放后对他委以重任，让他组建中国国际信托投资公司。1978年2月，在全国政协五届一次会议上，荣毅仁被推选为全国政协副主席。党的十一届三中全会后，党和国家的工作重心发生了转移，荣毅仁以极大的热情积极投身于改革开放和社会主义现代化建设的伟大事业之中，更加坚定了共产主义信念，并于1985年7月1日正式加入中国共产党。

（二）积极参与资本主义工商业改造，坚定走社会主义道路

新中国成立前，民族工商业长期受到西方帝国主义和国内封建势力的压榨，企业经常因为缺乏原料、资金等不能正常经营。新中国成立后，党和政府开展统一财经工作，物价得以稳定，企业的生产得以恢复和发展。毛泽东高度评价其意义"不下于淮海战役"，甚至连国内外那些对共产党能否搞好经济持怀疑态度的人，也不能不表示赞佩，叹为"奇迹"。

1954年1月，中央财经委员会召开会议，决定扩展公私合营。同年5月，荣毅仁率先进行公私合营，起到了很好的模范带头作用。1955年10月，荣毅仁在座谈会上向毛泽东汇报有关情况，提到公私合营之初，部分工商业者怕受束缚，确实思想上有顾虑，但随着政策推进，绝大部分工厂接受了国家的加工订货，工商业改造政策逐步得到了认可。荣毅仁还提到私营工商业资产和国家资产相比，差距非常大，抱住私有制不放，未免目光太小，主张要积极投身于国家的建设之中，"使得我们的国家发展更快，生活更好"。荣毅仁积极宣传党的各项方针政策，并且身体力行，被冠以"红色资本家"的称号。

三、社会担当：致力实业救国，助力扶贫脱贫

荣毅仁还是一个热心的社会活动家，青年时期的他勤奋好学，致力

于实业救国。新中国成立后，尤其是担任中国扶贫基金会荣誉会长后，他更是致力于推进中国扶贫事业的发展。

（一）勤奋好学，致力实业救国

1840年鸦片战争爆发后，中国的民族工商业在西方帝国主义、封建主义和官僚资本主义多重压迫的夹缝中求生存，艰难成长，严重制约了中国经济社会的发展。荣毅仁年少时在荣氏创办的公益小学读书，晚上跟随大公图书馆馆长严肖兰学习四书五经，成绩斐然，1937年从上海圣约翰大学毕业时就立下了"报效国家"的雄心壮志。毕业后，荣毅仁进入了家族企业，先后出任无锡茂新面粉公司助理经理等多项职务。他工作十分用心且勤奋，对企业的运营管理、资金周转、行业合作等都投入了极大精力，取得了显著的成效。

（二）生活俭朴，助力扶贫脱贫

荣毅仁出生、成长于富裕之家，后又出任多个政府要职，但他一生俭朴。尤其在北京工作期间，他居室家具都是普通沙发、桌子，身着中山装，到工厂、下车间、进食堂，几乎和普通工人一样。他深知劳动人民生活不易，时刻牢记毛泽东要求他为人民服务的殷殷嘱托。

新中国脱胎于经济、文化比较落后的旧社会，加之中国的人口较多，贫困问题一直困扰着经济社会发展。在中国扶贫基金会第三届理事会上，荣毅仁深刻指出了扶贫工作的重要性："扶贫在中国是一个很大的事情"，能否真正使广大人民群众解决温饱、告别贫困，走上富裕的发展道路，关系到整个经济社会的发展全局，关系到国家的长治久安，关系到中华民族的前途命运。为此，他认为扶贫工作要从以下几方面着手：一是要树立自力更生、艰苦奋斗的基点。做任何事情都要靠自己，扶贫事业也要靠自己。二是要坚持开发式扶贫。做好项目开发，以项目开发带动当地人民走向富裕。三是要全社会共同参与。贫困问题是全社会的共同问题，要发动社会各阶层的人民积极参与。

习近平总书记指出，在疫情影响下，为推动我国经济持续发展，必须传承、弘扬优秀企业家精神。荣毅仁的一生是爱国奋斗的一生，习近平总书记称颂他是爱国企业家的典范之一。荣毅仁一生致力于企业经营管理、社会主义经济建设事业，对中外合作经济发展的贡献尤为突出；不仅留下了企业微观经济管理方面的真知灼见，也留下了国家宏观经济管理乃至世界经济运行方面的运筹韬略，对新时代管理者及青年一代的成长，具有重要指导意义。

【思考应用题】

1. 习近平总书记称颂荣毅仁是爱国企业家的典范之一，请围绕荣毅仁的实干精神和理想信念，结合当前外贸经济背景，谈谈对新时代企业家的启示。
2. 荣毅仁关于扶贫工作的理念对于当前乡村振兴工作有何启示？
3. 谈谈你对荣毅仁实业救国精神的理解。

案例28　基于"狼性文化"激励机制谈领导者风格与企业文化

【摘要】21世纪的企业竞争是人才的竞争，而激励机制是提高企业人才竞争力的关键。激励机制的设计，是企业成功用人、育人、留人的重要抓手，而激励理论又是科学设计激励政策的基础。华为公司从白手起家到成为全球领先的信息与通信技术解决方案供应商，先进的企业文化和激励机制，是激发华为员工创造性和工作积极性的强大动力。本案例详细介绍了华为独特的激励机制。

【关键词】华为；激励理论；需求层次；企业文化

【适用课程】人力资源管理；企业文化；管理学；组织行为学

【教学功能】本案例涉及领导方式、领导环境、激励理论等知识点。通过案例教学，学生可以更好地理解和掌握领导的行为理论、领导权变理论，培养权变思维和领导力。

【思政目标】培育学生优秀企业家精神，引导其树立和践行社会主义核心价值观，坚定理想信念。

【案例正文】

按照马斯洛需求层次理论，要满足员工基础的生理需求，可通过物质奖励来实现；要满足员工的安全需求和社交需求，可通过创建良好的组织文化；要满足员工的尊重和自我实现需求，则应当通过精神奖励。华为的激励机制很好地应用了这一理论。在华为的激励机制中，物质激励体现在薪酬福利制度和绩效考核制度上，组织文化体现在文化激励制度上，精神激励体现在荣誉激励制度上。

一、薪酬福利制度

华为的总薪酬分为基本工资、现金津贴、业绩奖金、长期股票分红。福利制度包括各类补贴、商业保险和退休制度。

（一）高于市场价的薪资水平

任正非认为薪酬制度应该是基于企业的发展战略而设计的，并且坚信高薪是留住人才的首要因素。为了吸引和留住人才，华为的薪资一直处于同行业的最高水平，以此保证"对外具有竞争性，对内亦具有竞争性"。

（二）简单高效的短期激励制度

华为规定奖金分配要向高绩效者和一线"作战部队"倾斜，奖金分配过程要符合及时、高效、简单的原则，从而发挥激励和牵引作用。

华为设置"奖金包"机制，规则是从公司利润里提取盈余公积和股票分红后，根据各事业部设置公司奖金池，根据组织绩效设置部门奖金包，最后通过个人绩效和个人职级来确定个人奖金。

（三）长期股权激励

1990年华为内部就开始实施虚拟股权激励计划，2001年推出虚拟股票期权计划，2003年将其改造成"虚拟受限股"。后来由于股票价格逐渐升高，新增虚拟股获取成本增加，此措施逐渐失去激励作用，华为于2014年将虚拟受限股改革为时间激励计划（TUP）。TUP操作办法是根据部门绩效和个人绩效及配股饱和度来分配TUP。TUP占饱和配股的额度与虚拟受限股享有同等分红权和增值权；第五年分红并结算增值收益，这一期TUP即失效；TUP分红与奖金一起发放。

华为采取全员持股，以利益均沾的形式让每个员工都心系公司命运并为之努力，提升员工和团队绩效。此举是一种行之有效的绩效激励措施。首先，企业给员工描述了企业发展蓝图，增强了员工的信心、归属感与主人翁意识；其次，全员持股很大程度上使员工利益和公司利益捆绑，共担风险、共享收益，增强了企业的凝聚力，同时也吸引和留住了优秀人才。

（四）公平公正和透明的薪酬福利制度

除了以上长、中、短期激励之外，华为薪酬制度的可贵之处还在于公平性。任正非主张既不能让雷锋吃亏，也不能让庸人懒人占便宜，只要肯奋斗，就必有所获。华为并非传统企业那样论资排辈或者依据等级、学历和工龄来分配薪酬，而是依据员工对公司的贡献大小进行薪酬和奖金的分配；工资制度遵循"以岗定级、以级定薪、人岗匹配、易岗易薪"的管理理念，将不同职能划分为13—21九个海氏（HAY）等级，每个职位和职级都对应相应的薪酬，这样可以最大限度激发员工的潜能，如表5-1所示。

表5-1　华为职能等级及薪酬划分明细示例

HAY级别	工资中位值	营销族					
		销售类	产品类	市场财经类	投标商务类	客户服务类	营销工程类
19级	—	资深客户经理	资深客户经理	—	—	—	高级营销经理
18级	42 000元	高级客户经理	高级产品经理	高级融资经理	高级商务经理	高级服务经理	
17级	33 600元						

续表

HAY级别	工资中位值	营销族					
		销售类	产品类	市场财经类	投标商务类	客户服务类	营销工程类
16级	21 500元	客户经理	产品经理	融资经理	商务经理	服务经理	营销经理
15级	16 000元						
14级	12 000元	工程师	工程师	工程师	工程师	工程师	工程师
13级	9000元	助理工程师	助理工程师	助理工程师	助理工程师	助理工程师	助理工程师

华为的法定福利即五险一金，补充福利包括定期体检、节日礼品、协会活动、加班工资、出差补贴、补充商业险，特色福利包括驻外补助、战争补助、艰苦补助、家属慰问、加班餐补、补充旅游险，退休金福利的分配依赖工作态度及考评结果，医疗保险则按级别和贡献计算。华为通过绩效考核扩大员工之间的差距，给予高绩效人员更高的报酬和待遇。这种差异化的战略激发了员工的良性竞争，也体现了公平原则。

二、绩效考核制度

华为的绩效考核制度是基于职位职责、实际贡献和反映持续贡献的任职能力所建立的激励分配机制，倡导团队合作，确保贡献者得到及时、有效的回报和激励。

（一）团队绩效考核制度

团队绩效制度是通过拆解公司整体战略，确定各部门3~5年的战略目标及当年的业务目标，明确关键任务及可落地的执行措施，加上组织、人才、领导力和组织氛围的支撑，确保业务目标和战略目标的达成。在执行过程中按月度和季度审视目标的达成情况，实时调整资源。最后通过主管年度述职完成绩效评估反馈，根据评估结果确定团队绩效比例和奖金包分配，并对相应主管晋升加薪。

团队绩效考核原则上是客观的"考"与主观的"评"相结合。其中"考"即通过一系列量化指标计算 KPI 得分,"评"是指主管述职评分,上级管理团队根据述职情况进行打分。这一整套考核制度确保了管理团队的高效运作。

(二)个人绩效考核制度

个人绩效考核制度是通过拆解部门目标落实到个人身上,通过沟通签署 PBC 协议,确定个人目标。其中涉及激励理论中的目标设置理论,目的是让员工参与到目标设置的过程中来,更好地了解目标的重要性,从而更愿意认同目标并为之努力。

绩效执行过程中有日常辅导、中期回顾、PBC 刷新以及关键事件记录。绩效评价阶段分为员工自评、主管评价和集体评价。评价步骤具体分为:根据团队测评结果确定比例分配、360 度意见收集和员工自评、考评前沟通、初评结果、集体评议、上级评审。绩效结果反馈有结果公示、反馈面谈和绩效投诉。

个人绩效考核的全流程都遵循公开、透明、公平、公正的原则,将"干得好者"和"干得坏者"区别开来,更高的薪酬福利待遇向骨干员工倾斜,激励员工践行付出就有回报的价值观。

三、文化激励

企业文化是企业的命脉,得到全员认可并付诸行动的企业文化有助于增强公司内部凝聚力。华为成立之初,文化激励发挥了重大作用。随着企业不断壮大,华为创立并完善了符合自身特色的"狼性文化",激励着华为员工集体奋斗。华为的狼性文化可以用几个词语概括,即学习、创新、获益、团结。学习和创新代表敏锐的嗅觉,获益代表进攻精神,团结代表群体奋斗精神。

华为为员工的职业发展制定了相应激励措施。例如:为了弥补管理空缺,进行选派骨干进修;为了激活组织的战斗力,采用末位淘汰法,建立良性的优胜劣汰机制,每年大约按照 5% 的比例淘汰落后者,坚持持续引进优秀员工。

在狼性文化的熏陶以及激励制度的牵引下,每位员工都感受到了强大动力。开放、包容、团结互助的学习型组织文化,加之公司强有力的公信力,满足了员工的内在安全需求和外在社交需求,使得员工相信付出就会有回报,愿意最大程度地发挥个人的主观能动性,做到自主学习、自主提升、团结协作、持续创新。

四、荣誉激励

华为建立了专门的荣誉部门,主要负责对员工进行考核、评奖。只要员工在工作中的任何一方面表现出进步,就能够获得一定奖励。社会心理学家古斯塔夫·勒庞指出:当群体以名誉、光荣和爱国主义作为号召的时候,最有可能对群体中的个人产生影响,甚至可以让他达到慷慨赴死的地步。[1] 从马斯洛的需求层次理论来说,华为的这一举措满足了人的尊重需求和自我实现需求。在竞争激烈的现代社会中,具有高能力、高智商、高技术的人才被各大企业争相抢夺。企业只有在满足了人才的高层次需求,让人才拥有归属感、成就感后,才能更好地留住人才。

【思考应用题】

1. 结合目标设置理论、需求层次理论、强化理论等激励理论,分析华为的激励措施有哪些优点和不足。

2. 试列举同行业其他典型企业的企业文化,谈谈华为的"狼性文化"是否适用于同行业其他企业,又有哪些可借鉴的经验。

3. 华为的"狼性文化"激励机制是基于任正非的军队管理思想,请查阅相关资料,谈谈领导者特质如何影响一个企业的文化。

---

[1] [法]古斯塔夫·勒庞:《乌合之众——大众心理研究》,冯克利译,北京:中央编译出版社2005年版,第15页。

模块六 控制篇

本篇围绕控制的内涵、原则、方法与技术，控制系统运行过程等章节重点、难点知识选取思政案例。控制是组织活动顺利实施的重要保障。在一个组织的管理体系中，控制的方法与技术属于"术"的层面，发挥着使控制理念和企业道德的"道"落地的作用，深刻影响着管理活动的效率。

案例29 从"精细管理"谈管理控制

【摘要】"精细管理"体现的是精益求精的管理态度，许多管理方法都源于精细管理，只是内容和形式不同，如5S管理、准时化生产（JIT）、约束理论、精益生产、OEC管理等等。虽然许多企业都总结出了一套适合自己的管理理论，但这些理论本质都是将某项工作或者某个流程细化，使其具有可知性和可控性。可知性是通过细化来真正了解某项工作或流程的每个环节及可能的影响因素，从而认识其规律；有了可知性才能有可控性，在可知性基础上，管理者和员工能够把握好每个环节，规避不利因素，发挥有利因素，使工作结果导向企业的最终目标。

【关键词】精细管理；控制；可知性；可控性

【适用课程】公司治理；管理学；成本管理

【教学功能】本案例主要涉及控制的内涵、控制的类型、控制的方法等知识点。通过案例教学，学生加深理解控制的重要性，具象化认识控制理念和组织付诸实践的过程；培养理论联系实践，运用所学知识进行自我管控的能力和素养。

【思政目标】加深学生对精益求精、追求卓越的"工匠精神"的理解，培养学生持之以恒的坚韧品格，增强学生的责任意识与职业理念。

【案例正文】

《精细管理工程》一书把精细管理的核心内容概括为"五精四细"。精细管理为企业注入内生力，进而其理念日益深入人心。

一、精细管理是一种思想：九层之台，起于累土

正因具备了目标，个人和企业才能不懈努力，奋勇拼搏，进而推动社会不断前进。目标具有明显的共性，就是激励性。在朝着人生或企业目标迈进的过程中，有的急功近利，有的贪大求全，有的稳扎稳打，有的患得患失；而精细管理者却能够保持良好的心态，用"积累"的思想为自己设定方向。古语有言："九层之台，起于累土；千里之行，始于足下。"精细管理者无论追逐多大的目标，都注重小项目的积累，小有成就之后不会忘乎所以，坚持用"行百里者半九十"的思想约束自己，最终实现目标。

海尔能够成为中国乃至世界备受尊重的企业之一，正是以精细化管理思想为指导。海尔用二十年的时间从一个名不见经传的小厂发展成世界第四大白色家电制造商，绝非偶然。把目标定位于世界白色家电第一也非狂妄，这归功于海尔在向自己远大目标迈进过程中，认真地走好每一小步。正是在精细管理思想指导下，海尔创造性提出了OEC管理法（又称日清日高管理法），其核心思想就是"日事日毕，日清日高"，即每天的工作每天完成，每天的工作质量都要进步一点。OEC管理法的基本内容可以概括为五句话：总账不漏项，事事有人管，人人都管事，管事凭效果，管人凭考核。通过这种精细管理方式，海尔生产出了一流的产品，也创造出了一流的创新机制。

二、精细管理是一种意识：尺蚓穿堤，能漂一邑

《刘子新论·慎隙》有言："尺蚓穿堤，能漂一邑；寸烟汇穴，致毁千室。"① 意思是说蚯蚓虽小，但它把堤岸穿透了，就能把整个城市淹没；轻烟虽微，如果把房屋点燃了，就会毁掉千家万户。这句话比喻不注意小的事故，就会引起大祸。精细管理者能够用辩证思维考虑全局问题，知晓量变引起质变的道理，不忽视细微环节和点滴之事，始终保持一种"差之毫厘，谬以千里"的危机意识，进而培养善于把握机会的能力。

三、精细管理是一种态度：事事认真、时时认真

精细管理更表现出一种事事认真、时时认真的态度。世间万事最怕"认真"二字。重视细节，是企业管理的重中之重，因为任何细节都有可能给公司造成不可估量的后果。

管理者特别是事业成功的管理者容易犯经验主义错误，往往走向惨败。为了让员工能够认识到细节的重要性，任正非甚至不惜"自伤"。20世纪末，华为在一次发送产品的过程中，因为细节疏忽，将故障机当成新机器发了出去。公司的危机公关为了减少损失，弥补过失，建议立即用新设备将故障机换回来，但是任正非说："不能换，换回来他们就不知道后果的严重性，不会感到痛，我要让他们痛一痛。"② 后来因为此事，华为付出了巨额赔偿，也给员工留下了深刻印象。之后无论是工作还是生活上，华为人在细节的完善与执行上，都有了显著的改进。

一个人要想成功，就要学会重视细节，把每一件小事情做好。一个企业要想成功，同样要把小问题处理到位。将细节的管理制度化、具体化，并渗透到企业的每一个环节、每一个岗位、每一个人。华为的成功

---

① [北齐] 刘昼：《刘子校释》，傅亚庶撰，北京：中华书局2019年版，第367页。
② 《华为细节管理：将细节做到极致》，https://zhuanlan.zhihu.com/p/373494839（访问时间：2021年5月19日）。

之处就在于华为人能够把细节做到精，做到细，做到极致。从项目团队管理来看，华为这样大规模的公司团队，管理起来是很难的，若还要在细节上做到位，更是难上加难。因此，华为为了能够让每个项目团队更好地完成团队合作和管理，决定将项目团队分成若干个小的管理单位，即开发一组、开发二组和其他维护小组等，每个小组都会任命一个组长。

项目小组长负责规划组员每天的工作量，细化到每个小时。每天对组员进行工作进度检查，以便在问题发生时及时采取措施，减少损失；同时跟踪和关注组员每天的状态和能力，将团队一天的情况汇报给项目经理。小组组长还会准备一个红黑事件簿，把员工当天值得表扬的事情和做得不到位或者错误的地方记录在案，红黑事件簿上有相关的奖惩依据。月底绩效考核时，考核人员就根据当月的评分制度和当月的红黑事件簿进行考核，有理有据，客观准确。

精确客观的管理方式，不仅规范了项目团队的管理行为，也规避了很多问题。华为非常重视细节方面的管理，无论是公司制度上的细节，还是员工思想上的细节。因此，华为在入职员工培训时，都会给新员工讲《谁杀死了合同》这个案例，以便员工能够深刻意识到千里之堤，很可能毁于蚁穴。

企业进行精细管理，对每一个细微环节给予关注十分重要，但并不是把握住每一个细微的环节，精细管理就做到位了，重要的是要有持之以恒、认真对待的态度。

四、精细管理是一种能力：洞察秋毫、一叶知秋

精细管理还需要管理者具备"洞察秋毫、一叶知秋"的能力。事物的发展变化可以从中找到规律与本质，但这种发展和变化是复杂的。管理者必须学会把复杂的事物进行细分，并有能力通过其中的细节找到整体规律，这样才能在遇到问题时快速找到突破口。

经济生活中的一些细节往往蕴藏着诸多商机，很多企业建立了多元化信息收集渠道和科学的商机挖掘机制，以寻求更广阔的市场。

市场竞争犹如大浪淘沙，伴随着一个个企业的消亡，一批批企业在竞争中逐渐壮大。竞争的残酷让企业管理者压力重重，想方设法提高经营水平，提升企业竞争力，挖掘企业潜力。挖掘潜力离不开资金、技术和人才，但在竞争对手同时具备这两样条件的时候，企业就需要依赖精细管理，从细微处寻求提升空间和发展潜能。未来企业的竞争将是细节的竞争，企业只有注重细节，从精细管理上全面提高市场竞争力，才能保证基业长青。

【思考应用题】

1. 请围绕精细管理思想，列举一个大学校园内的管理实例，谈谈精细管理在日常学习和生活中的应用。

2. 结合本文精细管理思想的应用案例，请查阅相关资料，谈谈中国本土知名连锁零售企业"胖东来"如何依靠精细管理，取得了成功和美誉。

3. 新时代的竞争是人才的竞争，而成败在于细节。请结合案例，思考精细管理思想对于当代大学生自我提升有哪些启示。

案例 30　海尔的精细化管理控制模式

【摘要】一个有效的控制系统，应该是准确、及时、经济、灵活的。OEC 管理控制模式体现了企业管理的系统性原理和有效控制原则，值得深入学习和探究。

【关键词】海尔集团；OEC 管理；控制；名牌战略；海尔精神

【适用课程】企业管理；管理学；企业文化

【教学功能】本案例涉及管理的控制职能和企业文化等知识点，是一个较综合性的案例。通过案例教学，学生加强对控制原则、过程的理解和掌握，培养运用所学知识进行自我管控的能力和素养。

【思政目标】引领学生学习海尔"敬业报国、追求卓越"的优秀企业家精神，培养学生积极进取、奋勇争先的品格，增强学生开拓创新、团队协作精神。

【案例正文】

2005年，海尔集团转变发展观念、创新发展模式、提高发展质量，在舍弃大量竞争力不高的订单情况下，全年全球营业额仍然同比净增30亿元，成功实现了从高速增长到高质量增长的转变。同年8月，英国《金融时报》评选"中国十大世界级品牌"，海尔荣登榜首。国家市场监督管理总局首次评选"中国世界名牌"，海尔冰箱、海尔洗衣机双双入选前三名。人们惊叹之余不免思索，海尔是如何从一个严重亏损的小型国有企业走向辉煌的呢？

一、艰难起步（1983—1988）

海尔集团前身是由两个小厂合并而成的青岛电器总厂，由于技术落后、管理不善、人员素质差，企业举步维艰，1984年亏损达147万元。新任厂长张瑞敏受命于危难之际，在做了大量市场调查基础上，选择以冰箱为突破口，试图通过引进德国利勃海尔公司等先进技术转产电冰箱来谋求一条生路。同年10月，青岛电冰箱厂被确定为我国电冰箱定点生产厂之一，由此拉开了海尔集团的创业序幕。

当时国内已有40多家电冰箱生产定点厂，其中不少产品冠以"部优"，具备一定竞争力，而且进口冰箱也已经充斥国内市场。经过市场分析，张瑞敏发现，尽管市场上冰箱产品繁多，但尚未形成中国的名牌冰箱，若海尔能够率先创出名牌产品，必将立于市场不败之地。因此，他提出"要么不干，要干就要争名牌"的口号，确立了"创名牌冰箱"的企业发展战略。

名牌战略的核心是高质量，海尔认为全面质量管理的精髓是改变产品质量的价值观。当时中国企业还是将产品分成一等品、二等品、三等品及等外品,张瑞敏则认为,如果不抛弃这种质量分级概念,让带有缺陷的产品出厂,那么海尔所有产品都将失去生命力。因此,他明确提出"有缺陷的产品就等于废品"的新观念。也正是1985年的"砸冰箱"事件,砸出了全厂员工的质量意识、名牌意识。

在企业走上正轨、蒸蒸日上时,海尔又提出了"创中国冰箱名牌""无私奉献、追求卓越"的企业精神。高质量的产品依赖高水准的管理。为了尽快改变管理混乱的状态,海尔出台了管理措施"十三条",逐步从德国厂方学到了科学管理方式,重点抓基层管理。1985年,海尔推出亚洲第一代四星级电冰箱"琴岛利勃海尔",1988年摘取了中国冰箱史上首枚"金牌",并入围全国500强工业企业。

二、蓄势腾飞(1988—1992)

1988年是电冰箱最紧俏的年份,许多厂家把目光全放在扩大产能而非质量和服务上。海尔则不然,它既不放松质量,又重视售后服务。到1989年,其相对竞争优势已经显示出来。与上一年的抢购风潮相比,这一年消费者持币待购,各类商品供过于求。身处此等险境,张瑞敏突然决定将海尔所有产品提价10%出厂。他认为,消费者持币待购的实质是市场上缺乏高质量的产品,提价销售恰恰是显示海尔品质的良策。果然,半个月后,海尔销售部已是车水马龙。

在国内市场尝到甜头后,海尔开始冲击国际市场。20世纪80年代末至90年代初,国家制定了一系列优惠政策,中国出口创汇风盛行。很多企业不顾获利与否,倾销原料及半成品,低价换汇。海尔却冷静地坚守名牌战略,其出口导向不是创汇,而是创牌;采取"先难后易"策略,即先进入发达国家和地区市场,创出名牌后,再进入发展中国家和地区市场。

海尔这一举措取得了成功。自1990年起,海尔冰箱先后进入美国、德国、法国等市场。产品得到市场认可得益于其日渐完善的质量管理体系,以及新产品的持续开发。1990年,海尔晋升为国家一级企业,并获中国电器唯一驰名商标,还通过了美国 UL 认证。

1991 年,海尔集团公司正式成立。随着产量稳步增加,海尔更加注重正确处理规模扩张与质量控制之间的关系,除了现有质量保证体系外,还强化对过程的控制,正是基于这一思路,产生了"日日清"及海尔特色的 OEC 管理、"竞争上岗、三工轮换"的科学用工制度、"联效计酬"的分配制度等一系列有效管理手段。OEC 管理为海尔集团创造了巨大的经济效益和社会效益,使得海尔集团斩获国家企业管理创新"金马奖"、企业改革"风帆杯",朱镕基曾批示在全国推广海尔管理经验。

OEC 管理模式,是 Overall Every Control and Clear(全面逐项控制和清理)的缩写。其含义是全方位地对每人、每天所做的每件事进行控制和清理。每位员工按"日事日毕,日清日高"的标准检查自己,使每项工作每天都有新的提高,从而推动整个企业按照既定目标向上攀爬。海尔的 OEC 管理模式,由全方位目标系统、日清控制系统和有效激励系统三方面构成。它立足于海尔的三项制度改革,使海尔的各项制度相互衔接,构成一个有机的统一体,囊括了企业管理的诸项要素:目标、责任、考核、奖惩、监督、分配、晋升等。这是企业自我约束、自我发展、良性循环的精细化管理方法,也是海尔文化的核心内容。

责权分配方面,海尔提出了著名的管理人员和员工责任比例"80/20 原则",即企业里发生的任何一件过错、失误,管理者都要承担 80%的责任,而具体操作者承担 20%的责任。海尔认为,优秀的工作是由优秀员工做出来的,优秀的员工是由优秀干部带出来的,在海尔,只有素质差的领导,没有素质差的员工。张瑞敏有一句至理名言:"部下的素质低,不是领导的责任,但不能提高部下的素质,是领导的责任。"[1]

在海尔看来,企业不缺人才,缺的是好的用人机制。因为人人都是人才,关键是能否将每个人所具备的最优秀的品质和潜能充分发挥出

---

[1] 《张瑞敏:优秀的领导者要有能力提升下属的能力》,https://www.sohu.com/a/287220812_100130915(访问时间:2019 年 1 月 7 日)。

来。为此，海尔变相马为赛马，提出了著名的赛马机制，实质就是人才发掘机制，即赛马场上挑骏马，这种机制强调赛马而非相马。具体做法是每个月都搞一次"大选"，所有岗位都面向外界实行公开竞聘。人力资源中心将空岗情况和招聘条件公布于众，每个人都可以去争取。经过严格的实际考核、笔试和面试，每个人都有机会找到最大限度发挥自己特长、实现自身价值的位置。

【思考应用题】

1. 分析海尔的 OEC 管理控制模式优点及启示。

2. 海尔的赛马机制与传统的相马机制有何不同？海尔将赛马机制运用到人员配备和人事考评过程中，请运用所学的激励理论进行分析。

3. 从"创名牌"到"创中国名牌"再到"创中国的世界名牌"，结合海尔公司一步步走向成功的管理经验，谈谈其对本土企业管理控制活动有何启示。

模块七　管理经济篇

本篇一是从中国传统文化中的经典故事与经济学知识点相结合的视角出发选取案例，二是从当前经济热点及前沿问题中筛选案例，将经济学基本理论与中国传统故事和当前经济生活相结合，分析、解读经济问题、现象，促进学生掌握经济学的核心知识和前沿理论，弘扬中华优秀传统文化，培养学生自主学习和批判性思辨能力。同时，将经济学专业知识与思想政治教育、劳动教育相结合，引领学生树立正确的世界观、人生观和价值观。

案例31　选择与"机会成本"

【摘要】美国著名经济学家曼昆在其名著《经济学原理》一书中里提出过经济学十大原理，"人们面临权衡取舍"就是其中之一，其本质就是如何选择的问题。资源是稀缺的，正因为稀缺才会导致我们在选择一种资源时可能会错失另一种资源。经济学实际上是一门关于选择的科学，微观经济学的核心就是个体（包括家庭、企业和单个市场）如何选择的问题。

【关键词】稀缺性；选择；决策；机会成本

【适用课程】经济学；行为经济学；管理学；博弈论

【教学功能】本案例主要涉及经济学十大原理之一的"选择"问

题，也与管理学中的决策问题相关。通过案例学习，学生了解选择及其成本收益衡量，提升理论用于实践的能力，培植学生应用经济原理提高效率的意识。

【思政目标】引导学生感受传统文化中的经济管理哲学，强化学生对优秀传统文化、传统思想价值体系的认同与创新性发展的尊崇，增强文化自信与民族自豪感。

【案例正文】

一、典型故事

故事一：吴三桂"冲冠一怒为红颜"

清朝入关前，中国历史上曾经发生过一个十分有趣的故事。1644年，李自成率军攻入北京城，明朝崇祯皇帝万般无奈下在景山选择了自缢。李自成心里清楚，占据了北京城也并非高枕无忧，此时山海关还被明朝将领吴三桂所占据。于是，李自成决定派人前去劝降吴三桂。吴三桂被李自成的诚意打动，有了降意。

就在吴三桂准备投诚的前夕，先后接到两个来自北京城的消息：一是他的父亲被李自成的大将刘宗敏抓捕追赃并且遭受非难，二是他最爱的小妾陈园园也被刘宗敏强占。吴三桂勃然大怒，当即拔剑斩杀了一名来使，决定为父报仇，抢回爱妾，与李自成势不两立。

此时占据北京城的李自成面临两难选择：要么继续招降吴三桂，但这样一来势必会影响到将领刘宗敏，不利于大顺军的团结；要么征伐吴三桂，但其力量不可小觑，又无人愿意征战。李自成考虑再三，最终还是选择与吴三桂一战。

吴三桂得知李自成前来讨伐，大为震惊。他十分清楚，自己的兵力是无法长期抵挡大顺军的，甚至连自己也可能命丧黄泉。到底是就此投降，还是奋起力量拼死一搏？吴三桂也陷入了两难。思索再三，吴三桂决定向清朝多尔衮借兵，抗衡李自成。

多尔衮闻讯窃喜，因为清军的志向在于问鼎中原，然而一直苦于没有正当理由,得知吴三桂借兵的消息当然欣喜若狂。多尔衮借机提出了借兵条件——必须臣服于清军,当然清军也不会亏待吴三桂。此时的吴三桂已经是热锅上的蚂蚁了,再想到自己的爱妾还在敌军之手,于是决定与多尔衮合作,共同抗击大顺军。就这样,吴三桂选择了"冲冠一怒为红颜"。

故事二:唐玄宗"爱江山更爱美人"

唐玄宗登基之初,国家的实力已经远不如武则天时期繁荣强盛,出现了生产凋零、吏治混乱、贪污腐败等许多问题,于是唐玄宗决定选贤任能,大力发展经济,重振国威。

唐玄宗首先选拔了姚崇、宋琛等几个历史上著名的宰相,大胆采纳其建议。最为著名的就是姚崇向唐玄宗提出的十条政治主张,这十条建议对于唐玄宗时期的早期繁荣功不可没。接着,唐玄宗对吏治进行了严厉整治,不仅贪污腐败现象大为减少,而且官员们的办事效率极大提高了。此外,唐玄宗还集思广益,使得社会生产得到大力发展,国库收入也大大增加,全国各地都呈现出国泰民安、四海升平的繁荣景象,从而又开创了一个新的盛世。

然而好景不长,唐玄宗开始沾沾自喜,骄傲自满,整日沉迷于享乐之中,渐渐失去了励精图治的动力。他任用口蜜腹剑的奸臣李林甫为宰相,导致吏治混乱,政治黑暗。更有甚者,唐玄宗不顾封建伦理,强行将自己貌若天仙的儿媳妇杨氏占为己有,这个杨氏就是历史上赫赫有名的杨贵妃。杨贵妃由于精通音律、能歌善舞、面貌出众而深受宠爱,其家族成员杨国忠也平步青云,位极人臣。只可惜他能力有限,好事不成,坏事有余,使得本已昏暗的朝廷变得更加黑暗。而这时的唐玄宗已无心朝政,最终导致了朝纲崩塌。

天宝十五年(756),社会矛盾激化,安禄山起兵造反,由此爆发了"安史之乱",迫使唐玄宗出逃。安禄山的部队追至马嵬坡,杀害了大奸臣杨国忠,并逼迫杨贵妃自缢。"爱江山更爱美人"的唐玄宗付出了沉重代价,不仅失去了心爱之人,也致使唐朝走上了由盛而衰的道路。

二、故事中的经济学——"选择"与机会成本

吴三桂"冲冠一怒为红颜"的故事里,存在多方选择:崇祯皇帝在被逼无路的情况下选择了自缢而亡;李自成在对吴三桂的立场上,是战、是和摇摆不定,难以决策;吴三桂也面临投降或是与李自成为敌的两难选择。在这些选择里,主人公们都基于自身利益的最大化,做出了自己认为的最优选择。从崇祯皇帝视角看,他因为辜负了列祖列宗传下来的基业,无地自容,而走上了不归路。从李自成视角看,他认为自己创立的大顺军重于一切,不希望因吴三桂而影响了军队团结,选择了战。从吴三桂视角看,依靠自身力量夺回陈园园无望,只能选择借兵对抗李自成,这对他而言也是最优选择。

吴三桂的故事里,我们谈论了"经济学的本质就在于选择"。这个故事也告诉我们,在选择了一种资源时就需要放弃另一种资源。正如古人所言"有得必有失",这就涉及经济学中又一个极为重要的概念——机会成本。唐玄宗的故事里,起初为了实现国家繁荣唐玄宗放弃了享乐的机会,对于唐玄宗而言享受玩乐就是机会成本。

所谓机会成本,是指为了得到某种资源而不得不放弃的另外一些资源。当然机会成本与我们平时所说的成本(会计成本)是完全不同的两个概念,会计成本是通过会计报表直观可见的,是一种显性成本;机会成本则不能通过某种工具直接反映出来,是一种隐性成本。有时候,利用会计成本法计算的利润是正的,但用机会成本法计算,利润就有可能是负数。最典型的例子就是在核算收入时,通常不会将污染等因素考虑进去。

机会成本是经济学的核心概念之一,只要涉及选择就必然存在机会成本,因而机会成本贯穿整个经济学。例如:消费者在选择储蓄或是消费的时候,就存在为了储蓄(未来的消费)而不得不放弃当期消费的问题,这就是机会成本。

古语有云"失之东隅,收之桑榆",这句话告诫我们在某些方面失去了,会在另外一些方面有所得,得到的东西可能是你放弃的结果,失去之时又可能是你得到的开始。当真正懂得了什么是"机会成本",相信你一定能够达到"不以物喜,不以己悲"的豁达境界,去迎接生活中的种种挑战。

【思考应用题】

1. 围绕故事中的经济学原理,列举一个你身边关于"选择"的经济学现象;基于不同主体视角,思考各主体是出于何种原因做出的选择,是否有"帕累托改进"的空间。

2. 结合案例中"失之东隅,收之桑榆"告诉我们的道理,谈谈其对于当代大学生应对竞争的启示。

案例32 效率与"生产可能性曲线"

【摘要】效率在经济学中占有重要地位。效率是指配置效率,所谓配置效率是指将投入要素按照一种特定的方式组合,达到一种以最小投入获得最大产出的状态,否则就是资源配置无效率。在微观经济学中,企业总是想方设法地提高效率;在宏观经济学当中,政府也想以最少的投资获取最多的就业。

【关键词】效率;二八原则;生产可能性曲线

【适用课程】投资学;产业经济学;管理学

【教学功能】本案例主要涉及经济学中的效率问题,也与管理学中的效率问题类似。通过案例学习,学生理解效率的本质以及效率提高方法,锻炼用效率理论分析身边的经济管理现象,培植应用经济原理提高自我管理效率的意识。

【思政目标】引导学生感受传统文化中的经济管理哲学,强化学生对传统文化、传统思想价值体系的认同与尊崇,加强文化自信与民族自豪感。

【案例正文】

一、典型故事

故事一:《谏逐客书》

战国末年,群雄争霸,各国都广纳贤才。不甘平庸的李斯想通过努力干出一番事业,于是师从荀子,苦练帝王之术,很快就得到了老师的真传;学有所成之后,便拜别恩师,孤身一人来到秦国。

李斯博闻强识,入秦不久就被宰相吕不韦看中,举荐为官。虽然官职较小,但却给了李斯立足之地,也有了和秦王接触的机会。终于,某次他抓住时机对秦王进言:大王圣明,现在的秦国兵强马壮,六国都非大王您的对手,您可以趁此机会消灭六国,一统天下,完成千古未有之帝业。秦王闻言很是高兴,提拔了李斯。由于提供给秦王的一系列建议颇有成效,李斯得到重用,官拜客卿。

就在李斯飞黄腾达之际,出现了这样一件事。韩国因惧怕与秦交战,派水利工程师郑国去帮助秦国修建水渠,即后来的郑国渠。韩国目的很简单,就是通过修渠来牵制秦国,防止其进攻韩国。可惜计划暴露,秦王十分气愤,加之秦国大臣的鼓动,于是秦王决定驱逐进入秦国的"异国人",在全国下逐客令,而李斯来自楚国,被驱逐自然在所难免。

一心想要建功立业的李斯不甘被遣回国,冥思苦想之后,决定劝谏秦王撤销逐客令,这就是历史上赫赫有名的《谏逐客书》。其核心内容是:秦国如今的强大,很大一部分原因是广纳贤才。他还列举了几个典型的例子:一是秦孝公重用卫国人商鞅,通过商鞅变法使秦国逐渐强大;二是秦惠王采用张仪的"连横"策略,瓦解了六国合纵抗秦的联盟,解除了其对秦国的威胁。《谏逐客书》打消了秦王逐客的想法,使秦王继续重用外来人才。最后李斯官拜宰相,完成了他的事业梦想。

故事二：楚汉之争

秦朝末年，群雄并起。其中项羽率领部下破釜沉舟，在巨鹿全歼秦军主力，一时名声大噪，成为起义部队中实力最强的一支队伍。然而，令项羽没想到的是，刘邦乘其酣战之际率军独自攻入咸阳，占领关中。项羽眼看自己同秦军进行苦战，胜利果实却被刘邦窃取了，大为恼怒。于是自立为西楚霸王，于公元前206年向刘邦开战，拉开了楚汉之争的序幕。

巨鹿之战后，项羽拥军40余万，并且取得了上将军地位，实力十分雄厚。而刘邦虽然占据了富足的关中地区，军队人数却不足10万，显然不是项羽的对手，同项羽作战简直是以卵击石。于是刘邦便请项伯为其说情，为表诚意，还决定亲赴鸿门向项羽赔不是，此举动摇了项羽作战的决心，且导致"亚父"范增与项羽心生嫌隙，可谓一箭双雕。

刘邦回到关中后，继续"约法三章"，并采纳萧何的建议，迅速完成了"收巴蜀、定三秦"的战略目标，还制定了如何夺取天下的谋略。刘邦趁项羽在齐地平定叛乱之际，拜韩信为大将军，曹参为前锋，积极备战。趁齐楚两军胶着之际，以项羽背信弃义为借口，联合各路诸侯，共同攻占楚都彭城。项羽大惊，遂亲率精兵三万解围，以少胜多，大败刘邦及其联军。

刘邦在经历了一系列惨败之后，痛定思痛，积极发展生产，同时广泛招兵买马，继续重用韩信，与项羽展开了拉锯战。此时的刘邦实力已不可小觑，内有萧何运筹帷幄，外有韩信决胜千里，尤其是韩信在东边取得军事胜利，形成了从东、北两面对项羽夹击的态势。

此后的两年里，形势对项羽而言每况愈下。英布叛楚归汉，北有韩信的威胁，中有彭越的侵扰，刘邦则据荥阳、成皋，此时的项羽腹背受敌。汉五年（公元前202），刘邦调集韩信、彭越等各路大军几十万人马，将项羽及其楚军包围于垓下。项羽已是四面楚歌，最后逃至乌江自刎而死。刘邦彻底赢得了楚汉之争，统一了天下。

二、故事中的经济学——效率与生产可能性曲线

效率是一个常见的经济学术语。我们常说"办事要讲效率",这个效率有两层意思:一是用较少的时间完成较多的任务;二是用较少的资源实现较多的成果。资源是稀缺的,因此如何利用好稀缺资源是我们关注的重要问题,而只有提高效率才能更好地发挥稀缺资源的功能。为此,我们都期望自己成为一个有效率的人,李斯也不例外。

《谏逐客书》的故事里,李斯就是一个做事很讲效率的人。首先,他在很短的时间就习得"帝王之术",说明他的学习效率极高。其次,作为一个外国人,他用很短的时间就在秦国从站稳脚到官拜客卿,证明他目标坚定,做事效率也极高。最后,他的《谏逐客书》力劝秦王收回了逐客念头,并使得秦王敢于继续任用外来人才,帮助秦国一统天下,也体现出他做事不仅有效,而且有头脑。

楚汉之争的故事里,起初项羽占尽了优势,无论是兵力还是地域范围,刘邦皆不能与之相抗衡。但到后期,刘邦与项羽的形势正好颠倒。如果从经济学角度去分析,在楚汉战争刚刚拉开帷幕时,刘邦的"生产可能性曲线"远远低于项羽,但后期项羽的"生产可能性曲线"就远远不如刘邦的了。对于大多数未学过经济学的读者来说,"生产可能性曲线"这个概念可能很模糊,我们可以先回顾一下本篇选择与机会成本的案例。资源的稀缺性导致我们不能随心所欲地生产出需要的所有产品,同理,刘邦和项羽也不能随心所欲地招兵买马,因此就出现了"生产可能性曲线"。

三、效率与现代生活

我们都知道帕累托的"二八原则",就是说我们每天只要花20%的时间就可以处理掉80%的事情,前提是要善于分清主次,抓住主要矛盾,并能高效率完成。然而现实生活中,很多人处理事情都是"眉毛胡子一把抓",结果不仅事情没有完成,反而浪费了大量时间和精力。

此外，生产可能性曲线告诉我们：做事要量力而行，不要"知其不可为而为之"。每个人的时间和精力有限，总有一些学生在大学期间因做兼职而耽误了学习。当然，我们也不可妄自菲薄，轻视自己的能力，因为有时我们也处于自己的"生产可能性曲线"之内，这个时候就需要充分发挥自己的潜力，达到"人尽其才"，不要浪费了自己的能力。

【思考应用题】

1. 基于故事中的经济学原理带给你的启示，思考如何提升大学四年的学习和生活效率，并制定一个大学生涯的规划方案。

2. 列举某个企业的效率管理案例，并思考该企业效率提升的关键是什么。

3. 基于"楚汉之争"的故事及"生产可能性曲线"的内涵，谈谈如何扩展自己的生产可能性曲线。

案例33　信息不对称与道德风险

【摘要】自亚当·斯密之后，大多数经济学家在研究经济学问题时都是假设信息是对称的。而信息不对称问题因美国著名经济学家阿克洛夫在1970年发表的《柠檬市场》，才逐渐引起人们的重视。信息不对称是指在日常的经济活动中，我们无法拥有其他人拥有的一切信息，从而造成一些人知道而其他人不知道的情况。信息不对称大致分为两种情况：一是事前的信息不对称（道德风险），二是事后的信息不对称（逆向选择）。

【关键词】信息不对称；道德风险

【适用课程】经济学；信息经济学；博弈论

【教学功能】本案例主要涉及经济学与管理学中的信息不对称问

题，以及信息不对称带来的道德风险。通过案例教学，学生具象化理解信息不对称的内涵以及信息不对称可能带来的影响，提升理论应用于实践的能力。

【思政目标】促进学生践行社会主义核心价值观和社会主义职业道德规范，帮助学生树立正确的人生观、价值观、道德观。

【案例正文】

一、典型故事

魏国有这样一对邻居，其中一家人都不认识玉，而邻居一家则能鉴别玉，于是就有了下面的故事。①

不识玉的农夫某天在犁田时突然听到一声震响。他喝住耕牛，刨开土层一看，原来是犁铧撞上了一块直径一尺、光泽碧透的异石。农夫不知是玉，所以跑到附近田里请邻人过来观看。那邻人一看是块罕见的玉石，于是起了歹心，编了一套谎话对农夫说："这是个不祥之物，留着它迟早会生祸患，你不如把它扔掉。"农夫一时拿不定主意，心想："这么漂亮的一块石头，假如不是怪石，扔掉了多么可惜。"犹豫再三，农夫还是决定把它拿回家去，先摆在屋外的走廊上观察一下，看看到底是怎么一回事。

当天夜里，宝玉光芒四射，照得整个屋子如同白昼。农夫一家受到惊吓，遂又跑去找那邻人。邻人趁机吓唬他说："这就是石头里的妖魔在作怪，你只有马上把这块怪石扔掉才能消灾除祸！"听了这话，农夫急忙把玉石扔到了野地里，不久那邻人便偷偷跑到野地把玉石搬回了自己的家。

第二天，邻人拿着玉石进献给魏王。魏王把玉工招来品鉴，玉工见到这块玉石不觉大吃一惊，急忙对魏王说："恭喜圣上洪福，您得到了一块稀世珍宝。我当了这么多年的玉工，还从未见过这种规格和品相的

---

① 《邻人献玉——中国古代寓言》，https://www.cidianwang.com/gushi/yuyan/192266.htm（访问时间：2023年8月30日）。

玉石。"魏王闻言便问这块玉石的价值，玉工说："这是一件无价之宝，价值难以用金钱衡量。世上的繁华都市里有各种各样的玉石，但没有哪一块能与它媲美。"魏王闻言大喜，当即赏给献玉的邻人一千金，还赐予他终生享用大夫俸禄的待遇。狡诈的邻人因骗取的玉石而受赏，善良的农夫却蒙在鼓里。

二、故事中的经济学——信息不对称

"邻人献玉"这个故事很简单，从经济学角度思考又深有启发：第一，邻人凭什么能够"骗取"农夫手中的玉石；第二，工匠为何就认定这块玉石价值连城。其实，邻人就是利用了农夫对玉石的不知情，轻而易举地获得了玉石。相反，邻人和工匠对玉石是信息对称的。我们知道，要做到经济学中的"理性经济人"，有一个非常重要的前提就是信息是完全的，不存在"信息不对称"。如果按照"理性经济人"假设，上述故事的结局将会改写——献玉的肯定是农夫自己。

所谓信息不对称，是指在日常的经济活动中，我们无法拥有其他人拥有的一切信息，从而造成一些人知道而其他人不知道的情况。信息不对称大致分为两种情况：一是事前的信息不对称——道德风险，二是事后的信息不对称——逆向选择。

道德风险常见于保险市场，即那些身体不好的人总是想为自己买各种各样的保险，以便在自己发生不测时获得一大笔补偿，而健康的人购买保险的欲望则相对较低。长此以往，保险公司则可能面临倒闭。逆向选择则常见于二手市场，那些质量差的二手货不会立刻被发现，反而会因价格更加便宜而变得抢手，慢慢就会将质量稍好、价格稍高的二手货挤出市场，最后导致整个二手市场充斥着质量最差的产品。

现实生活中，信息不对称的现象有很多。了解了"信息不对称"的原理，决策时就应当尽可能多渠道地收集信息，避免因信息不对称而带来损失。

【思考应用题】

1. 围绕故事中的经济学原理,列举一个你身边关于"逆向选择"的经济学现象。

2. 思考我国外贸企业在国际市场竞争与合作当中,如何规避"道德风险",实现合作共赢。

案例 34 "人尽其才"与分工

【摘要】 分工,是指个人、公司、国家或地区都负责自己所擅长的工作。分工使得工人的工作效率提高,产量及产品质量也相继提高,人们的生活水平也因而得以改善。

【关键词】 分工;效率;"人尽其才"

【适用课程】 经济学;政治经济学;管理学

【教学功能】 本案例主要涉及经济学和管理学中的分工问题。通过案例教学,学生深度理解课程知识点,提升理论应用于实践,分析身边的经济学现象、挖掘问题并解决问题的能力,培植团队协作和合作共赢的理念。

【思政目标】 从中国传统文化故事引出经典经济理论,加深学生对优秀传统文化、传统思想价值体系的认同与尊崇,加强文化自信与民族自豪感。

【案例正文】

一、典型故事

汉朝依靠"文景之治"的休养生息政策,经济得到了快速发展,人民生活殷实,国力也慢慢提高。此后汉朝进入新的全盛时期,除了归功于汉武帝治国有方之外,也离不开董仲舒、桑弘羊、卫青、霍去病、张骞和司马迁等人的功劳。

第一，汉武帝听取了董仲舒"罢黜百家，独尊儒术"的建议，不仅慢慢消除了"黄老思想"的消极影响，还从思想上实现了统一，使全国人民思想能够团结；同时促使儒家文化逐渐成为主流思想，并持续影响了中国两千多年。

第二，理财家桑弘羊帮助汉武帝处理了几十年的财政问题，不仅保障了国泰民安，而且还为汉武帝作战匈奴提供了极大支持。公元前120年，国家财政入不敷出，然而又急需金钱支援战争。桑弘羊便向汉武帝建议，在全国推行盐铁国营制度，私人不准继续经营盐铁业务。这一措施大大增加了国家收入，及时解决了财政问题。

第三，大胆起用卫青、霍去病，领兵抗击匈奴。卫青、霍去病原本身份卑微，却相继被任命为将军，随后几十年屡胜匈奴，收复了大片失地，扩展了汉朝疆域，彻底结束了汉朝被动的局面，解除了匈奴对汉朝的威胁，并且为国家日后的安定创造了条件。

第四，张骞出使西域。为了抗击匈奴，汉武帝先后两次派张骞出使西域，以联络其他各国共同抵抗匈奴。张骞出使西域后，不仅获得了有关西域的大量珍贵资料，还打通了丝绸之路，既为汉朝的繁荣奠定了基础，也促进了中外交流，为后来的中国打开了外交通道。

第五，"史家之绝唱"司马迁。尽管司马迁受到了汉武帝的惩罚，但他的旷世巨著《史记》却得以留存下来，不仅让后人了解了更多的历史，也为我们留下了一部伟大的著作。

正是汉武帝"人尽其才"的用人策略，使得汉朝各个方面都得到了前所未有的发展，迎来了中国封建社会的第一座高峰。

二、故事中的经济学——分工

分工无处不在。如有的人创业，有的人是"为人民服务"的公仆，有的人做老师……只有每个人都发挥自己的长处，才能更好地建设和发展社会。回到汉武帝的故事里，为何汉武帝能够创造出盛世？班固曾说过："汉之得人，于此为盛。"意思是汉武帝很会用人，能够使每个人都充分发挥出自身优势。故事里的桑弘羊善于理财，解决了国家的财政问题，有力地支持了汉武帝对外作战；卫青和霍去病擅长行军作战，屡败匈奴，解决了汉朝边界的威胁；司马迁和董仲舒的格局和写作能力高人一筹，使得他们的思想影响深远；张骞精通外交事务，开阔了国人的眼界，方便了中西方交流。如果将这些人的工作互换，汉朝未必能如此兴盛。

亚当·斯密在其名著《国富论》中，从三方面论证了分工的作用，即提高劳动技巧，减少了劳动转换时间，促进了机械的发明。

斯密曾参观过一个扣针厂，工人的专业化操作和规模经济给他留下了深刻印象。一个人抽铁丝，另一个人拉直，第三个人截断，第四个人削尖，第五个人磨光顶端以便安装圆头。装圆头是一项专门的业务，把针涂白是另一项，甚至将扣针装进纸盒中也是一门职业。由于这种专业化分工，扣针厂每个工人每天能生产几千枚针。他得出结论，如果工人们选择分开工作而非作为一个专业化工作团队，那他们每人肯定不能每天制造出20枚扣针，或许连一枚也造不出来。换句话说，由于专业化分工，大扣针厂可以比小扣针厂实现更高的人均产量和更低的平均成本。斯密在扣针厂观察到的专业化在现代经济中普遍存在。运用专业化实现规模经济，是现代社会繁荣的一个因素。

【思考应用题】

1. 如果你是一个校园社团的管理者，你可以从汉武帝的"人尽其才"用人之术上得到什么启发？具体举例说明可以从哪几方面提升社团活动的效率。

2. 斯密在扣针厂观察到的专业化在现代经济中普遍存在，请列举一个企业的分工现象，并谈谈该企业如何通过管理提高了分工效率。

案例35 "看不见的手"与"看得见的手"

【摘要】"看不见的手"最早由亚当·斯密在《国富论》中提出,大致意思是,在经济发展的过程中,市场机制可以弥补自身的缺陷,促进经济发展,政府只需扮演"守夜人"的角色即可(政府要提供司法等服务),不要过多地干预市场。经过两个世纪的发展,人们也渐渐认识到该理论的时代局限性,特别是在1929—1933年的经济大危机期间,人们发现,市场的运行仅仅依靠自身机制或者说"看不见的手"是不够的,只有"两只手"有机结合,才能更好地促进经济发展。

【关键词】"看不见的手";"看得见的手";市场失灵;政府干预

【适用课程】经济学;公共财政学

【教学功能】本案例主要围绕经济学与财政学中的市场失灵来谈市场与政府之间的关系。通过案例教学,学生加深对市场经济运行规律、市场失灵以及政府干预相关理论的理解和掌握,提升分析并解决身边经济学问题的能力。

【思政目标】引导学生感受传统文化中的经济管理哲学,增强文化自信。

【案例正文】

一、典型故事

故事一:无为而治的"文景之治"

秦朝末年,农民起义及一系列战事,导致社会生产秩序遭到严重破坏,人口锐减,经济萧条,民不聊生。面对经济凋零、百废待兴的局面,汉高祖及汉文帝、汉景帝等相继采取了一系列措施,使得经济逐渐恢复,并创造了"文景之治",为日后的汉武帝治国奠定了基础。

一是吸取了秦朝灭亡的教训。秦朝采取了法家思想,对民实行严厉的重压政策。文帝和景帝以秦为鉴,逐渐清除了法家思想,转而采取"黄老之术",即无为而治的统治思想,与民休息,不过多打扰居民的生产生活。二是采取了轻徭薄赋政策,缓和民众的抵抗情绪。税率最低时仅为"三十税一",极大地减轻了民众负担,有效促进了生产。三是汉文帝时期对周边少数民族采取了友好政策,以维持国家的安定。特别是面对实力较强而又屡次进犯的匈奴,汉朝采取了和亲政策,不仅使边疆地区得到开发,也使国内得以休养生息。

农业生产快速恢复和人口迅速增长,使得粮食供大于求,粮价下降,进而出现农民收益减少的问题。为了增加农民收入,保证农业生产持续发展,文帝采取了鼓励富裕人家或官员购买农民的粮食,从而提高粮食价格,稳定农业生产的措施。经过几十年发展,国家经济逐步繁荣,社会安定有序,人民安居乐业,出现了四海升平的景象,这就是著名的"文景之治"。

故事二:"谷贱伤农、谷贵伤民"

"谷贱伤农、谷贵伤民"出自班固的《汉书·食货志》。班固考察了西汉社会经济状况之后,以"理民之道,地著为本"思想,探讨了经济财政措施的得失,在如何做到"足食、安民"的问题上,提出了自己的看法。班固对"食"与"货"这两个概念做了明确解释:"食谓农殖嘉谷可食之物,货谓布帛可衣,及金、刀、龟、贝。所以分财布利通有无者也。二者,生民之本……食足货通,然后国实民富,而教化成。"① 可见,"食"是指农业生产,"货"是指农家副业的生产及货币流通。因此,班固的《汉书·食货志》分为了上下两篇,上篇言"食",下篇言"货"。

在《汉书·食货志》上篇中,班固提出"谷贱伤农"的观点:"籴甚贵伤民,甚贱伤农。民伤则离散,农伤则国贫,故甚贵与甚贱,其伤一也。善为国者,使民毋伤而农益劝。"② 意思是说:粮食价格贵了,

---

① [汉]班固:《汉书》,赵一生点校,杭州:浙江古籍出版社2002年版,第451页。
② [汉]班固:《汉书》,赵一生点校,杭州:浙江古籍出版社2002年版,第430页。

百姓受害；粮食便宜了，又对种粮的农民不利。百姓受害就会流离失所，而农民农业受害，国家就会贫困。所以粮食太贵和太便宜都不好。只有懂得平衡，才能够不损害老百姓利益，农民也能受益。

"谷贱伤农、谷贵伤民"是一个典型的经济学问题。粮食收割后到底能卖多少钱，取决于产量和粮价两个因素。但这两个变量并不独立，而是相互关联的，其关联性由一条向下倾斜的粮食需求曲线决定。价格越低，需求量越大；价格越高，需求量越小。需要注意的是，粮食需求曲线缺少弹性，也就是说，需求量对价格的变化不敏感。当粮价下跌时，粮食的需求量会增加，但增量不多。其基本原理在于，粮食是一种必需品，对粮食的需求最主要源自生理需求和粮食安全需求。此外，对大部分人来说，粮食花费在全部花费中所占比例很小，这也导致人们对粮价的变化不敏感。认识到粮食市场的这一特性后，就不难理解"谷贱伤农"的经济学内涵。

二、故事中的经济学——"看不见的手"与"看得见的手"

在文景之治的故事中，文帝和景帝的政策体现了一个核心主题，即"无为而治"。"与民休息"的政策就是具体表现，实际就是要求政府在经济发展中不要插手太多事物，因为市场会在其自身机制下自主向前发展。

在文帝和景帝统治时期，没有出现像今天这样规模宏大的中央财政刺激计划，有的只是为农民减轻税负，为农业发展营造良性的环境，没有过度干预；在对外关系上同样没有太多"作为"，却也收效显著。

当然，"文景之治"时期，政府也并非完全不干预经济发展。例如在出现粮价下跌时，政府就通过增加购买来稳定粮食价格，这又说明政府是"有为"的。可以看出，政府在经济发展中扮演着两种不同的角色：干预（"看得见的手"）和放任（"看不见的手"）。由于粮食是最基本的生活资料，绝大多数国家都很重视粮食安全，尤其是具有一定人口规模的国家，"看得见的手"需要采取各种为保证粮食安全、保护农民利益的干预粮食市场的支农政策。

中国实行特色社会主义市场经济的今天，粮价的高低直接影响到粮食生产者和粮食消费者双方的利益。"谷贵伤民、谷贱伤农"，仅顾及哪一方都与社会主义的本质、生产目的和人民根本利益相悖，"两难"选择由此产生。

"谷贵伤民"，即市场销售粮食价格过高，升幅过快，引起社会商品物价攀升，超过了粮食消费者的心理承受能力和经济支付能力，影响到粮食基本消费需求，致使人民生活水平下降，甚至民心混乱、社会动荡，不利于国家安定团结。此外，社会主义生产的根本目的是不断满足人们日益增长的物质和文化生活需求，使全体人民走向共同富裕。但若市场粮价超过了人民的支付能力，人民生活水平就不是提高而是下降，人民的物质和文化生活需要的满足就不是增加，而是减少，这有悖于社会主义生产的根本目的。

"谷贱伤农"，即市场粮价过低，农民卖粮收入不能抵消种粮投入甚至盈余。农民的种粮积极性是我国粮食生产的源泉和动力，效率与公平是支撑和保护粮农生产积极性的基础。社会主义的国家性质和中国的具体国情决定了市场粮价无论如何变动，都必须保证既不能损害农民的切身利益，也不能不保护全体人民的利益。因此，当市场上出现"谷贱伤农，谷贵伤民"的现象时，就是政府"看得见的手"发挥宏观调控作用的时候，要保证农作物的价格处在一个合理的范围，使双方都能接受。例如，建立适度、合理的粮食储备。

在商品经济条件下，粮食储备包括实物储备和货币储备两种形式。实物形式的粮食储备就是有意识地将一定数量的粮食从流通中沉淀下来，根据粮食的物理状态和品质特征，采用一定技术手段加以储存，以备不时之需。保证粮食实物储备的前提条件是仓储设施。随着我国生产力及消费水平的提高，我国原有的粮食仓储设施远远不能满足今天的粮食储备需要。增加或扩充粮食仓储能力应以世界平均储粮标准为参考，以我国现有的粮食消费量为基础，定位于粮食丰收之年，用发展的观点指导决策；还应考虑粮食丰收之年的粮食供给余额、粮食消费力的增长、粮食产量的增长、粮食余缺调剂能力和市场应变能力等诸多因素，做出适合我国国情的仓储建设决策，从硬件上保证粮食储备的需要。当然，储粮备荒、以丰补歉绝不仅仅是国家的职责，国家也难以把全民的储粮任务全包下来。国家、地方、集体、个人都应共同承担储粮为民、储粮备荒的义务。

国家也可以利用粮食储备基金这一财政手段控制粮食价格波动：当粮价下跌时，对生产者进行适当保护；当粮价上涨时，对低收入消费者进行基本消费保护。货币形式的粮食储备在个人方面表现为一定数量的存款。居民个人的存款并不是从粮食储备意义上去存储的，但事实是当个人各种消费都出现危机，需要动用存款时，储户毫无疑问要首先满足粮食消费需要。所以我们可以将储户手中存款的一部分看作粮食的货币形式储备。有了货币形式的粮食储备，实物形式的粮食储备才能以商品身份进入流通，才能更有力地防止"谷贵伤民"和"谷贱伤农"。

【思考应用题】

1. 围绕故事中的经济学原理，列举一个你身边的市场失灵的现象。

2. 参考"谷贱伤农、谷贵伤民"的两难困境，列举一个经济学中"效率"与"公平"的两难现象，并思考有哪些改进措施。

3. 试分析我国某一战略性大宗商品的行业现状及未来发展趋势，以及中国的大宗商品贸易商在现有市场环境下的困境和挑战。

案例36　完全竞争市场与垄断市场

【摘要】垄断市场和完全竞争市场是两种市场结构，在市场份额、价格控制和进入壁垒方面有几个关键区别。在垄断市场中，只有一家（或几家）公司决定商品和服务的价格和供应水平，并且该公司（或者几家公司）拥有完全的市场控制权。与垄断市场相比，完全竞争市场由许多公司组成，没有一个公司拥有市场控制权。垄断和完全竞争市场以不同方式影响供给、需求和价格。很少有市场是完全垄断或完全竞争的，大多都介于两者之间。本案例提到的农村春联市场与酸奶市场，就是完全竞争与垄断竞争的缩影。

【关键词】 完全竞争市场；垄断竞争市场；农村春联市场；酸奶市场

【适用课程】 经济学；产业经济学；农村经济学

【教学功能】 本案例主要涉及经济学中的市场竞争问题。通过案例教学，学生深度理解课程知识点，锻炼利用经济理论分析身边的经济学现象、经济问题的能力。

【思政目标】 引导学生深入社会实践、关注民生问题，培养学生的辩证思维等综合素质，弘扬中华优秀传统文化，增强文化自信。

【案例正文】

故事一：春节期间的农村春联市场——完全竞争的缩影

贴春联是中国传统习俗。2023 年临近春节，笔者对某村农贸市场的春联销售情况进行了调研。该农贸市场主要供应周围共计 4000 余农户的日用品。春节临近，春联市场红红火火，而在农村，此种风味更浓。

在该村春联市场中，需求者是 4000 余农户，供应商为 70 多家零售商。村民购买春联的习惯是逐个询价、"货比三家"，信息充分。供应商的进货渠道大致相同，产品具有高度同质性（春联所用纸张、制作工艺相同，区别仅在于春联所书写内容的不同），因而零售价格水平相近，一旦提价则销量骤降甚至为零，降价又会引起利润损失。可以看出，我国有着丰富文化内涵的春联，其农村销售市场结构竟近似一个完全竞争市场。

在价格上，春联是农村过年的必需品，购买春联的支出在年货支出中只占很小比例，因此其需求弹性较小。某些供应商为增加销量、扩大利润而采取的低于同行价格的竞争方法，反而会使消费者认为其产品存在瑕疵，不愿购买。因此，供应商在销售春联的过程中，不会轻易打价格战。

此外，该农村集贸市场条件简陋，习惯席地摆放春联商品。大部分供应商选择将春联放入透明塑料袋中防尘，以保持产品质量。少部分供应商则更愿意承担少量损失，将部分产品暴露于阳光下、寒风中，便于展示产品。暴露在阳光下的春联更能吸引消费者目光，刺激其购买欲望。由此可见，在价格竞争达到极限时，价格之外的营销手段，对企业利润的贡献不可小视。

在商品种类上，"宏兔大展"小条幅，批发价为0.03元/副，零售价为0.03元/副；小号春联批发价为0.36元/副，零售价为0.50元/副。因小条幅在春联中最为便宜且为必需品，价格统一且常年不变，因此消费者不会讨价还价。小条幅平均购买量为3~4副，总利润可达1.08元，且人工成本较低。对小号春联需求量较大的顾客也不过购买7~8副，总利润至多1.12元。而小号春联价格相对较高，在春联支出中占比较大，讨价还价较易发生，降价和因讨价还价浪费的时间成本会给供应商带来较大的利润损失。由此我们不难理解为何义乌小商品市场能风靡全国，带动一大批人致富。

春联市场是一个非常特殊的市场，时限性强，仅在年前存在10天左右。供应商的储货量主要取决于上年销售量和对新进入者的预期分析。如果供应商总体预期正确，则该春联市场总体商品供应量与需求量大致相同，则价格相对稳定。一旦出现供应商总体预期偏差，价格机制就会发挥巨大作用，商户将会出现暴利或者亏损。综上可见，小小的农村春联市场竟是完全竞争市场的缩影，横跨经济与管理两大学科。

故事二：酸奶市场——垄断竞争的缩影

在乳饮料市场中，除牛奶大受欢迎外，酸奶已日渐成为年轻一代的新宠。近年来，随着酸奶日益热销，生产酸奶的厂家越来越多，市场竞争也日趋激烈。随着人们对生活品质的要求逐渐提高，酸奶市场迅速扩大，生产工艺不断进步。为了适应消费者的多样化需求，酸奶已逐渐从原味发展到多种口味。

（一）酸奶市场的垄断竞争格局

行业竞争程度高，垄断程度就低，反之亦然。划分一个行业的市场结构类型，主要依据三方面：一是行业内生产者数目或企业数目。如果行业内只有一家企业，就是完全垄断市场；如果只有少数几家大企业，就属于寡头垄断市场；如果企业数目众多，则可划入完全竞争或垄断竞争市场。二是行业内各企业生产的产品的异质性。这是区分垄断竞争市场与完全竞争市场的主要依据。三是进入障碍的大小。进入障碍是指一个新企业进入某一行业所遇到的阻力，或者说资源流动的难易程度。一个行业的进入障碍越小，其竞争程度就越高；进入障碍越大，则其垄断程度就越高。根据这三方面因素的不同特点，市场可划分为完全竞争市场、垄断竞争市场、寡头垄断市场和完全垄断市场四种市场类型。

对于酸奶市场而言，如果酸奶市场处于完全竞争的市场结构，那么市场上各种品牌的竞争非常激烈，新产品进入该市场的壁垒不大，可以快速、准确地进行目标定位，共同瓜分该市场。如果酸奶市场是垄断竞争的市场结构，那么竞争主要存在于几家大企业之间，此时广告的投放应采取产品差异化策略，找准市场切入点，做好市场定位和广告宣传。我国的酸奶市场结构属于后者。

（二）地方品牌独领风骚

2021年，我国城市地区品牌渗透率位于前三位的企业依次是光明、达能和伊利；而各城市渗透率最高的品牌几乎都是其地方传统品牌，如北京三元、重庆天友、武汉扬子江等。这是由于乳饮具有特殊性，要求新鲜、方便、快捷，而地方品牌酸奶占据地利的优势，更易得到当地消费者的认可。

（三）年轻化和品质化是酸奶消费者的主要标签

根据CBNData《2021酸奶消费趋势报告》显示，2021年，新一线城市的消费者是线上酸奶消费的核心主力，消费占比远超其他线级城市，其中杭州、苏州、南京位居消费榜单前列。就性别占比来看，女性消费占比超过70%；就代际而言，不同年龄的消费者在线上购买酸奶的占比相差不大，但Z世代呈现出最高的消费增速。

在阿里提出的八大人群当中，精致妈妈、新锐白领、Z世代、小镇青年的线上酸奶消费客单价增速较高，其消费占比与增速也都更为突出，成为酸奶消费的"潜力军"。消费者在挑选酸奶时，更关注产品的营养成分、口味口感和新鲜度，也有超三成消费者会关注配料表，呈现出更进阶的健康诉求。①

【思考应用题】

1. 春节期间的农村春联市场是否符合完全竞争市场格局？
2. 酸奶市场作为垄断竞争市场，有哪些典型特征？
3. 试列举你身边的完全竞争市场和垄断竞争市场的现象，并解释其成因。

案例37 "囚徒困境"与"智猪博弈"
——冲突与合作

【摘要】"囚徒困境"是指两个被捕的囚徒之间的一种特殊博弈，说明即使合作对双方都有利时，保持合作也是困难的，它反映个人最佳选择有时并非团体最佳选择。博弈论作为运筹学的一个分支，研究的是两个以上的参与者选择能够共同影响每一个参加者的行动或策略的理论，而经济学其实就是一门研究如何做出选择的学问。把博弈论引入经济学研究，可谓对传统经济学研究的一次超越。

【关键词】"囚徒困境"；"智猪博弈"；冲突与合作；选择（决策）

---

① CBNData：《2021酸奶消费趋势报告》，https：//www.cbndata.com/report/2709/detail? isReading=report&page=1（访问时间：2021年9月17日）。

【适用课程】经济学；博弈论；运筹学；管理学

【教学功能】本案例主要涉及经济学和管理学中经典的博弈问题。通过案例教学，学生理解和掌握"囚徒困境"理论，提升运用理论分析身边的经济学现象及管理问题的能力，培养思辨意识和逻辑思维能力。

【思政目标】激发学生的自主学习兴趣；引导学生深入社会实践、关注民生问题；促进学生树立正确的价值观，养成辩证思维；弘扬中华优秀传统文化，坚定文化自信。

【案例正文】

囚徒困境是博弈论中非零和博弈的一个经典例子，反映出一个群体中个人的最佳选择并不一定导致群体的最佳选择，或者说个人做出理性选择往往导致集体的非理性选择。虽然囚徒困境本身只是一个模型，但实际生活中囚徒困境的例子很常见。博弈论作为运筹学的一个分支，研究两个以上参与者的选择能够共同影响每一个参加者的行动或策略。经济学本质是一门研究如何做出选择的学问，把博弈论引入经济学研究，可谓对传统经济学研究的一次超越。

选择的学问在于洞察社会，而社会生活中最重要的一个现象莫过于个体（或组织）行动之间的相互影响，且这种影响不外乎两个方面：一是互利的相互依存，二是冲突的矛盾斗争。由此，对"冲突"和"合作"的理解和阐释构成了整个社会科学领域中最富挑战性的工作。然而直到1944年数学家约翰·冯·诺伊曼和经济学家奥斯卡·摩根斯坦共同创立的博弈论的出现，人们才找到了一种独特且有效的分析视角。

现实生活中，经常会出现这样的问题：假设你的对手在研究你的策略并采取追求自身最大利益的行动时，你如何选择最有效的策略。现代经济学的开山鼻祖亚当·斯密在《国富论》中提到，通过追求个人利益，个体常常会比其实际追求的更有效地促进社会利益。然而，博弈论大师纳什提出的"纳什均衡"却得出相反的结论。某种程度上，纳什均衡提出的悖论实际上动摇了西方经济学的基石。纳什均衡是对冯·诺依曼和摩根斯坦的合作博弈理论的重大发展,甚至可以说是一场革命。

故事一:囚徒困境

假如有两个人共同犯罪,被警方抓获并分别关押。他们面临着三种选择:两个人都拒不交代,将无罪释放;都交代罪行,并揭发同伙,各判10年;一个人拒不交代,另一个人坦白并揭发同伙,坦白者判刑5年,拒不交代者判刑20年。对任意一方囚徒来说,如果选择拒不交代,要么被判无罪(同伙也不交代),要么被判20年(同伙坦白);如果选择了坦白,要么被判10年(同伙也坦白),要么被判5年(同伙拒不交代)。囚徒的选择事实上是一种赌博,赌同伙不交代风险太高,而自己交代则风险最低。因此,一般而言,两个囚徒都会选择坦白。原本对双方都有利的策略(拒不交代)和结局(无罪释放)很少甚至不会出现,进而引出了向西方市场经济"看不见的手"的原理发起了挑战的一个悖论:从利己目的出发,结果却是损人不利己。这种两人都选择坦白的策略以及因此被判10年的结局被称为纳什均衡,也叫非合作均衡。在现实生活中,非合作的情况要比合作的情况普遍。从中我们还可以悟出一条道理:合作是有利的利己策略,但它必须符合以下条件,即按照你希望别人对你的方式来对待别人,而他们也按同样方式行事。也就是我们常说的"己所不欲,勿施于人",但前提是人所不欲,勿施于我。

故事二:智猪博弈

2005年,诺贝尔经济学奖授予以色列希伯来大学的罗伯特·奥曼和美国马里兰大学的托马斯·谢林,以表彰他们通过博弈论分析,促进了人们对冲突和合作的理解。奥曼和谢林两位学者分别从两个不同的角度——奥曼从数学的角度、谢林从经济学的角度,进一步发展了非合作博弈理论,并给博弈论下了一个恰当定义——"交互的决策论"。而这也是博弈论区别于传统经济理论的要点所在。古典经济学家在考虑行为人的决策时,总是习惯将其置于与世隔绝的"真空"之中,而"交互"二字考察的,是相互影响、相互制约、相互关联的经济个体如何在复杂、充满冲突和合作的现实世界中选择最有利于自己的战略。

"智猪博弈"的故事，实际上是一个"交互"博弈模型。猪圈里有一头大猪和一头小猪，它们共用一个猪槽。猪槽的一端安装着控制猪食供应的跷跷板，踩一下跷跷板猪槽里就会掉进一定量的饲料。如果大猪去踩的话，它还能够在小猪吃完饲料之前赶来抢到一点饲料；如果小猪去踩的话，大猪在小猪回到食槽之前就已经把饲料吃完了，这样一来小猪什么也得不到，反而浪费了精力。在两头猪都有智慧的前提下，最终出现的局面将是，大猪乐此不疲地来回奔跑于食槽和跷跷板之间，小猪则选择守候在食槽旁边，坐享其成。这种现象在经济生活中也十分常见。在企业经营中，某些时候"多劳不一定多得"，如果能够注意等待，让其他企业首先开发市场，也是一种明智的选择。这时候就体现出了"有所不为才能有所为"。或者说，学会如何"搭便车"也是一个职业经理人最为基本的素质。

　　奥曼和谢林在博弈论上的研究成果，为我们透视社会提供了一种新思维。特别是奥曼在重复博弈理论方面的贡献：在现实世界，长期关系比短期关系更加容易合作，并且具有效率更高的博弈结果，因此一次性博弈往往失之偏颇。奥曼通过对重复博弈原创性的全面研究，很好地诠释了长期的"合作行为"。"重复博弈"加强了我们对合作条件的理解，即为何在参与者越多、互动越不频繁、关系越不牢固、时间越短、信息越不透明的背景下，合作越难维持。

　　博弈论为我们创造了一种全新的思考方式，已发展成为许多社会科学领域中一种被普遍应用的分析工具和语言。

【思考应用题】

　　1. 类似"囚徒困境"和"智猪博弈"的例子在人类的经济、社会、政治、国防、管理和日常生活中比比皆是。结合案例，分别列举一个价格战、军备竞赛、环境污染方面的"囚徒困境"现象。

　　2. 你如何看待"智猪博弈"故事中的"搭便车"行为？假如你是企业管理者，在企业合作中处于被"搭便车"的一方，你该如何应对？

模块八　劳动精神篇

劳动是人类的本质活动，劳动光荣、创造伟大是对人类文明进步规律的重要诠释。劳动精神凝集了劳动人民对实践活动的理性认知，是以劳动为基础的精神信仰，是对劳动者劳动实践的总结和概括。新时代劳动精神内涵丰富，形式多样。习近平总书记对劳模精神、劳动精神、工匠精神的内涵进行了科学诠释："在长期实践中，我们培育形成了爱岗敬业、争创一流、艰苦奋斗、勇于创新、淡泊名利、甘于奉献的劳模精神，崇尚劳动、热爱劳动、辛勤劳动、诚实劳动的劳动精神，执着专注、精益求精、一丝不苟、追求卓越的工匠精神。"[①] 2021年9月，党中央批准了中央宣传部梳理的第一批纳入中国共产党人精神谱系的伟大精神，其中包含劳动精神。弘扬劳模精神、劳动精神和工匠精神对于培育具有全球竞争力的世界一流的劳动者大军，从而培育具有全球竞争力的世界一流企业，有着重大的战略价值和现实意义。

案例38　劳动成就梦想

【摘要】劳动精神是劳动者为创造美好幸福生活而在奋斗过程中秉

---

① 陈刚：《大力弘扬劳模精神劳动精神工匠精神（深入学习贯彻习近平新时代中国特色社会主义思想）》，http://theory.people.com.cn/n1/2022/0427/c40531-32409714.html（访问时间：2022年4月27日）。

持的基本态度、价值理念及其展现出来的精神风貌。弘扬劳动精神，需要激励广大劳动者在追梦圆梦的征途上努力奔跑，以辛勤劳动、诚实劳动、创造性劳动托举梦想、成就梦想。

【关键词】 劳动精神；崇尚劳动；热爱劳动；辛勤劳动；诚实劳动

【案例正文】

一、崇尚劳动

中华民族自古就是崇尚劳动的民族。从"晨兴理荒秽，戴月荷锄归"的耕作，到"女郎剪下鸳鸯锦，将向中流匹晚霞"的纺织，再到"六月调神曲，正朝汲美泉"的酿造……古往今来，人们对劳动的赞歌绵延不绝。

劳动最光荣，劳动最崇高，劳动最伟大，劳动最美丽。在中国共产党的领导下，中国人民愈发崇尚劳动，也在劳动中锻造出"咱们工人有力量"的豪迈、"天不怕地不怕，风雪雷电任随它"的勇气、"紧摇桨来掌稳舵，双手赢得丰收年"的底气，以及"人们在明媚的阳光下生活，生活在人们的劳动中变样"的自信。劳动创造财富，砥砺精神。人行天地间，只有不图安逸，不惧困苦，爬过高山，蹚过激流，拼搏过、奉献过，才能感受"千淘万漉虽辛苦，吹尽狂沙始到金"的喜悦与充盈，才能体会生而为人的自在与尊严。

习近平总书记强调："无论时代条件如何变化，我们始终都要崇尚劳动、尊重劳动者。"① 因为崇尚劳动，我们对每位劳动者都充满敬意。当耄耋之年的袁隆平又一次走进稻田，察看水稻长势；当钟南山挤进火车餐车，奔赴武汉抗疫前线；当张定宇拖着正在萎缩的双腿，在病房里奔走；当张桂梅伸出贴满膏药的双手，鼓励她的学生……劳动者在劳动中体现出的坚守与热爱，怎能不令人动容？

---

① 廖枢权、蔡春玲、唐淑楠：《习近平总书记的劳动情怀》，http://www.qstheory.cn/zhuanqu/2020-04/30/c_1125927868.htm（访问时间：2024年10月10日）。

二、热爱劳动

1978年冬天的安徽凤阳小岗村，当18位农民依次按下自己的手印，改革开放的奇迹随之展开。这些农民为何敢闯敢试、敢为人先？因为他们内心有对劳动的满腔热忱，因为他们相信辛勤的劳动一定能换来幸福的生活。

劳动开创未来，奋斗成就梦想。劳动没有高低贵贱之分，不论身处哪个行业，只要付出足够的辛劳与智慧，干一行、爱一行、钻一行，就能在平凡的岗位上取得不凡的成绩。习近平总书记曾说："在工厂车间，就要弘扬'工匠精神'，精心打磨每一个零部件，生产优质的产品。在田间地头，就要精心耕作，努力赢得丰收，在商场店铺，就要笑迎天下客，童叟无欺，提供优质的服务。当老师，就要心无旁骛，甘守三尺讲台，'春蚕到死丝方尽，蜡炬成灰泪始干'。做研究，就要甘于寂寞，或是皓首穷经，或是扎根实验室，'板凳要坐十年冷，文章不写一句空'。搞创作，就要坚持以人民为中心的创作思想，深入实践、深入群众、深入生活，努力创作出人民群众喜爱的精品力作。"[①]

普普通通的百货柜台，张秉贵练就了一身绝活，卖货"一抓准"，算账"一口清"；为了掌握焊接技术，高凤林拿着筷子练，端着水杯练，举着铁块练，终于练就了为火箭焊接"心脏"的绝技；北京人民艺术剧院排练厅，高悬着"戏比天大"四个大字，培养了一代代对事业敬与爱的演员，排演了一出出经典的话剧……他们对职业的礼敬、坚守，源自对劳动的尊崇与热爱。

2020年3月，中共中央、国务院发布《关于全面加强新时代大中小学劳动教育的意见》；同年7月，教育部印发《大中小学劳动教育指导纲要（试行）》，对劳动教育教什么、怎么教、如何评价等做出了具体要求，让学生们在劳动教育过程中热爱劳动、热爱劳动人民。

---

① 习近平：《在知识分子、劳动模范、青年代表座谈会上的讲话》，http://cpc.people.com.cn/n1/2016/0430/c64094-28316364.html（访问时间：2016年4月26日）。

热爱劳动、热爱创造，通过劳动和创造播种希望、收获果实，也通过劳动和创造磨炼意志、提升自己。在党的领导下，一代代勤于劳动、善于劳动的高素质劳动者层出不穷，一曲曲豪迈激越、铿锵有力的新时代劳动者之歌响彻云霄。

三、辛勤劳动

2021年8月19日上午，义乌西站，一列挂着大红花的火车，鸣笛启程，驶向德国罗斯托克港，这是中欧班列（义新欧）义乌平台累计开行的第3000列班列。四五十年前，这个浙中小县还不富裕，义乌人拿着拨浪鼓走街串巷，鸡毛换糖，艰苦创业。后来，义乌人在路边支起小摊，虽然经营场所相对固定了，但依旧简陋。再后来，义乌建成了全国最大的小商品批发市场，又进军海外市场，被誉为"世界小商品之都"。有外媒戏称，"圣诞节的真正故乡其实是义乌"，因为这个奇特的中国城市是全球节庆饰品的主要来源地。义乌发展的奥秘，就是辛勤劳动；中国奇迹的源头，也是辛勤劳动。

功崇惟志，业广惟勤。三峡工程竣工、青藏铁路通车，南水北调、西气东输，"嫦娥"飞天、"蛟龙"潜水……每个"中国奇迹"的背后，都是众多劳动者经年累月的辛勤奋斗。民生在勤，勤则不匮。农民用四季的辛勤耕耘，换来秋天的丰收喜悦；工人用日复一日的劳作，生产出质优价廉的产品；老师们用年复一年的辛勤教学，培养出桃李满天下的累累硕果。

当今的中国，劳动的内涵不断丰富，劳动者的主动性、创造性愈加彰显，知识型、技能型、创新型劳动者成为时代要求，但辛勤劳动仍然不可或缺。无论是知识分子、工人还是农民，都需要以自我革新的勇气和胸怀，不断努力学习新知识，打破既有思维模式和劳动习惯，运用新技术、新理念改造劳动工具、劳动方法，提升劳动效率，升华劳动价值。这意味着，很多劳动者可以从程序化、重复性工作中解放出来，将更多精力投入创新创造。这也意味着，社会需要提供更为宽松的创新环境、更加完善的分配制度、更为顺畅的晋升渠道,从制度层面保障权利公平、机会公平、规则公平,切实维护劳动者的权益,让辛勤劳动得到应有的回报。

获得感、幸福感,无疑使"劳动"这个词更富吸引力,让辛勤劳动更有价值。而劳动者的获得感、幸福感,最终会转化成经济社会发展新的强大动力。中国共产党必将带领中国人民创造出新的"中国奇迹"。

四、诚实劳动

人无信不立,业无信不兴。同仁堂药店门前有一副古联:"炮制虽繁必不敢省人工,品味虽贵必不敢减物力。"这既是对消费者的承诺,也是这家老字号创立300多年屹立不倒的秘诀。劳动是个体实践,也是社会行为。每个劳动者通过诚实劳动收获财富,社会的基本秩序才得以维系。偷工减料、制假售假、抄袭盗版、科研作假等失信行为,通过瞒与骗的不当手段或许换来了一时的私利,但最终全社会都要为诚信缺失"买单",没有人是受益者。

天津三建建筑工程有限公司原项目经理、副总工程师范玉恕,干了几十年的建筑,始终要求自己"四个一样":大事小事一个样,外露工程和隐蔽工程一个样,分内事和分外事一个样,甲方有要求和没要求一个样。他常说:"我们建筑工人讲诚信,最根本的就是要确保工程质量。"[①]"老老实实做人,踏踏实实盖楼"的他多次荣获"全国劳动模范"称号,被誉为"群众信得过的建房人"。

1997年,市场上的小麦种子被炒到1千克80元的高价。当时的陕西省咸阳市长武县农技推广中心研究员梁增基、培育出了综合性优良、高产、优质的小麦品种"长武134",但他不仅没有借机高价售卖种子,反倒把培育的种子装成二两的小袋,分散供给农民,让他们自己繁育推

---

① 武自然、商瑞:《范玉恕:做"信得过的建房人"》,https://www.12371.cn/2019/10/07/ARTI1570413439003915.shtml(访问时间:2019年10月7日)。

广。一颗"粮心"为人民的梁增基通过自己的诚实劳动,在田间地头耕耘了一个甲子,不断把干旱地区的小麦种植水平推上新台阶,受到广泛推崇。

在别人看得见的地方要诚实劳动,在别人看不见的地方也要诚实劳动;经商需要诚实劳动,竞技体育需要诚实劳动,科学研究、文艺创作也需要诚实劳动……我们崇尚劳动、尊重劳动,就要诚实地付出劳动、从事劳动。以诚为先、以诚为重、以诚为美,这才是劳动的应有之义。

崇尚劳动、热爱劳动、辛勤劳动、诚实劳动的劳动精神已经成为民族精神和时代精神的重要组成部分。这些珍贵的精神财富,是旗帜,是灯塔,指引着千千万万劳动者只争朝夕的奋斗足迹。

【思考应用题】

1. 结合案例内容,思考大学生应当如何树立正确的择业观和就业观。
2. 当代大学生如何践行劳动精神?
3. 高校如何通过专业与劳动实践相结合,帮助大学生全面发展?

案例39 新时代的"大国工匠"精神

【摘要】2018年度"大国工匠年度人物"颁奖典礼中,海尔集团董事局主席、首席执行官张瑞敏以颁奖嘉宾的身份亮相典礼,是颁奖嘉宾中唯一一位企业家。张瑞敏将"大国工匠"的精神诠释为"挑战自我、挑战极限、振兴中华"。

【关键词】工匠精神;精益求精;兴邦利民

【案例正文】

一、以产品精益求精为基础的与时俱进

工匠精神的美誉一直伴随着海尔。改革开放初期,大江奔流难免泥沙俱下,制造企业追求效率而忽略质量的情况十分常见。这种背景下,震惊业界的"砸冰箱"事件,真正砸出了产品质量管理意识,砸出了当时制造企业少有的工匠精神。

彼时张瑞敏就意识到,工匠精神重在产品,但其本质在于时刻契合用户需求及时代变化。他提出"用户每天都是新的",用户体验是动态的,企业必须用创新生态去适应用户,其工匠精神的境界是与时俱进的。

20世纪80年代,制造企业的工匠精神尚可停留于产品质量、制造技艺的精益求精,因为质量好、零缺陷的产品就能满足用户和市场需求。进入物联网时代,海尔的工匠精神是以精益求精的产品质量为基础,是动态发展的。立足于当下用户需求个性化的发展趋势,制定动态的质量标准,从推进小微到升级链群,让用户体验迭代,创造用户终身价值,海尔实现物联网模式的生态转型。

二、以兴邦利民为己任的颠覆创新

张瑞敏始终立足用户需求持续挑战自我、挑战极限,以不断思考和创新的勇者姿态,带领海尔跨越五个战略发展阶段,持续提升工匠精神的境界:从产品质量优,到创出品牌,到多元化发展,到"走出去"打入国际市场,再到推动中国制造业数字化、智能化转型,创世界级物联网模式……张瑞敏用30余载的躬行实践,诠释了不断创新、以兴邦利民为己任的大国工匠精神。

张瑞敏提出的"人单合一"模式就是大国工匠精神的具体体现。进入物联网时代的新海尔,在"人单合一"模式的引领驱动下,质量体系、管理模式、商业模式、文化模式等领域不断突破窠臼、超越时代，助力我国制造业的转型升级。

"人单合一"模式颠覆了经典和传统。对内，打破传统科层制，让每个员工从执行者变成直面用户自主创业、自组织、自驱动的创客，获取并满足用户的个性化需求，实现用户付薪。对外，打破企业藩篱，构建开放的、共创共赢的企业平台和生态圈，为海尔创建"三生体系"、创世界级物联网模式提供了坚实基础。

"人单合一"模式同时也具有时代超前性和全球普适性。它成功改造美国 GEA 公司的案例走进了哈佛商学院，诺贝尔经济学奖得主保罗·罗默表示：人单合一可能是物联网成功的关键。[①] "人单合一"模式使中国企业从原来的学习模仿转变为引领世界创新成为可能。

从对产品质量的精益求精，到以"人单合一"模式为引领创世界级物联网模式，助力我国制造业转型升级，张瑞敏一直在变革与挑战中践行"大国工匠"精神，以兴邦利民为己任，带领海尔在改革开放的时代洪流中勇往直前。

【思考应用题】

1. 海尔是如何将工匠精神融入企业文化，又是如何在企业发展过程中更新工匠精神内涵的？

2. 结合海尔经验，如何引导企业员工用工匠精神对待日常工作？

3. 张瑞敏一直在变革与挑战中践行"大国工匠"精神，以兴邦利民为己任，带领海尔在改革开放的时代洪流中勇往直前，助力我国制造业转型升级。这对于当代青年有何启发？

---

① 《平台赢家通吃，但生态却将吃掉平台！张瑞敏和保罗·罗默对话物联网》，https://t.cj.sina.com.cn/articles/view/2268916473/873ceaf902700eave（访问时间：2019 年 1 月 21 日）。

案例 40　越努力越优秀的企业家"劳模"

【摘要】 我们熟知的优秀企业家,几乎个个都是"劳模"。他们不仅富有创新精神,更有难以想象的勤奋、专注、拼搏和自律,这是企业获得可持续成功的原因,也是引导商业向善的优秀企业家精神。胡润研究院曾发布过一份优秀企业家的作息时间报告,发现越是优秀的人,越努力。成功企业家的背后,几乎都有着常人无法想象的勤奋和自律。

【关键词】 劳模精神;爱岗敬业;开拓创新;拼搏进取;忘我精神

【案例正文】

一、任正非:成功源于勤劳和焦虑感

管理界有一本流传甚广的经典书籍,名为《只有偏执狂才能生存》,这也是华为创始人任正非的座右铭。对于华为的成功,任正非曾表示有三个关键要素:一是有一个坚强、有力的领导集团,听得进去批评;二是有一个严格有序、进取的规则和制度;三是有一个庞大、勤劳、勇敢、善于学习和强大执行力的奋斗群体。

在科技圈,华为常被网友调侃为"加班重灾区"。公司内部有著名的"床垫文化",即员工在办公桌下备好床垫,加班工作太累时,可抽出来直接睡,睡醒继续工作。这种"习以为常"的加班气氛,起源于任正非,他的办公室中也摆放着一个简单小床,用于加班时睡觉。

在外界看来,任正非对工作高度投入,但任正非的工作态度,却可能来自他的"焦虑感"。相比其他科技大佬,生于 1944 年的任正非年纪较大,创立华为时已 43 岁。在创业前,他刚刚经历了被公司除名和夫妻离婚,背负着 200 万元的债务。任正非在《一江春水向东流》一

文中写道:"我是在生活所迫、人生路窄的时候,创立华为的。"① 因此,在创业 30 余年中,任正非始终保持高度的危机感。在任正非另一篇流传甚广的《华为的冬天》中,他写道:"十年来我天天思考的都是失败,对成功视而不见,也没有什么荣誉感、自豪感,而是危机感。也许是这样才存活了十年,我们大家要一起来想,怎样才能活下去,也许才能存活得久一点。"② 创业以来任正非始终勤勉,并保持高度危机感,也正因此任正非才能多次带领华为化险为夷。

二、李嘉诚:手表永远都要提前 10 分钟

李嘉诚长期被各大财富排行榜列为"亚洲首富",他是华人社会尤其是华人商界近乎家喻户晓的标杆人物。他在苦难中拥抱梦想,逆难而上,在谨慎中大胆想象,并把构想化为现实。在最近百年的华人商业社会,无论以企业经营与财富成就而论,还是以社会贡献和影响而论,李嘉诚都是一个榜样。

李嘉诚 1928 年生于广东潮州,1940 年为躲避日本侵略逃难到香港,1950 年创立了长江实业。在商场中有所收获的人,一定都是勤劳的、善于把握先机的人,将手表调快 10 分钟是李嘉诚多年以来的习惯。在他看来,每天提前 10 分钟,就意味着每天多 10 分钟的机会。

什么是先机?在李嘉诚看来,当一个新事物出现,只有 5%的人知道时,赶紧做,这就是机会,早做就是先机。当有 50%的人知道时,你做消费者就行了。当超过 50%时,你就不用去看了!透过这个"先机"要诀,我们不难发现,赶紧、早做等字眼无不传递着一个重要的信息——机会永远留给有准备的人。

---

① 《任正非:一江春水向东流》,http://www.cinic.org.cn/site951/qiye/qiyejia/2012-01-29/531340.shtml(访问时间:2012 年 1 月 29 日)。
② 任正非:《华为的冬天》,https://blog.csdn.net/okfei/article/details/3565211(访问时间:2008 年 12 月 20 日)。

三、雷军：成功的唯一秘诀是认真拼命地工作

成功大多不可复制，或有深厚背景，或有时代际遇，但雷军的成功却给了普通人以希望。他的成功，是一个普通人持之以恒努力后的成功。雷军在科技圈素有"劳模"之称，单是以"劳模雷军"为题的文章，在百度资讯中就有超过900条搜索结果。

雷军多年好友、小米联合创始人王川曾爆料，雷军每天工作十五六个小时，每周工作六到七天，堪称劳模。小米高级副总裁祁燕也曾透露，雷军每天直到晚上一两点才下班，中午饭是三四点，晚饭是十一二点。

哔哩哔哩集团董事长、首席执行官陈睿毕业后进入金山工作，曾为雷军的技术助理，在他看来，雷军就像是发电机。当记者问到陈睿从雷军身上学到什么？陈睿回答：正直、务实、有理想，此外，一家公司应该有很强的企业文化，包括必须勤奋、不勤奋要感到羞愧、以身作则、身先士卒、将心比心。

潘石屹也曾评价雷军，"我从没见过一个企业家像雷军这么勤恳的"①。他对产品的考虑点能够细致到手机外包装的塑料纸，且不遗余力地推销小米手机、插线板等产品。雷军本人更是化身小米"代言人"，亲自为小米各类产品"打call"，更频频现身直播间，为产品带货。雷军从不吝啬对自家产品的赞美，这都源于小米产品对于匠心、创新的坚守。

四、董明珠：从铁娘子到带货"女皇"，工作几十年没休一天假

董明珠一手缔造了格力传奇，见证格力电器成长蜕变为国际化家电企业。她敢言敢为，叫板渠道巨头，对赌互联网企业，击退野蛮人；她坚持中国制造，钻研核心技术，为中国造走向世界开出良方。当"中

---

① 《四十年四十人｜潘石屹：勇敢是创业者的通行证》，https://v.qq.com/x/page/j07287lnjm6.html（访问时间：2024年10月10日）。

国制造"遭遇频被举牌的困境,她与"野蛮人"屡次交锋。

董明珠于1954年8月出生于江苏南京,1990年进入格力集团,2012年5月被任命为格力集团董事长,曾获"全国劳动模范"的称号。她曾说,在格力工作这些年,从来没有休过一天的年假。面对长期的高强度工作,即使生病住院,她也从未表示过后悔。进入格力头几年,她每天几乎只睡五个小时,现在也总是熬夜,有时一有什么想法,半夜一二点都会跳起来,拿起本子记下来。她曾说,蒙上眼睛,通过气流和声音,都能感觉到那台是格力的空调。她用最原始的方式——走访,来保持对市场的敏感;她有超过一半的时间都是在走访市场,面见经销商;她会站在自己阳台上观察邻居家安装的空调是否会因海风侵袭而锈蚀。

董明珠一直是个斗士,早就可以安守功名的她甚至比"60后"的郑坚江、方洪波更活跃。争强好胜的她也更偏执,偏执到网络中无情的嘲讽与媒体八卦的丑化也阻挡不了她与小15岁的雷军一较高下——如同刚入行时玩命追讨货款的那个董明珠。

疫情肆虐时期,家电行业遭受了很大打击,"直播带货"的营销模式兴起。董明珠在格力销售情况不景气的情况下亲自直播带货,她的"野心"并不是做"销售女王",而是摸索出适应电商时代的销售模式。

五、姚劲波:努力到极致,就会有奖励

从公司初创到纽交所敲钟上市,再到合并竞争对手,最终成为中国最大生活服务平台的掌门人,58集团CEO姚劲波骨子里有着湖南人的"霸蛮"精神——"吃得苦、耐得烦、霸得蛮",大概意思就是勤奋、执着和坚持。

在央视《遇见大咖》节目中,他表示:"我相信,努力到极致,就会有奖励,就会有奇迹发生。"

对于姚劲波而言,成功是长期努力、极致努力的结果。谈及勤奋,他曾自曝时常会用小米掌门人雷军勉励自己:"我觉得雷军是我们这个圈里面特别努力的劳模,每次我感觉累的时候,就会想想雷军可能还在办公,心里就会好受很多。"① 当然,姚劲波本人也十分勤奋。创业至今,他始终保持着一周至少一次的出差频率。飞行时长如果按每次三个小时来算的话,他一年有150~200个小时都在出差。

姚劲波说:"这其实是创业的常态——长期埋头积蓄能量,爆发,然后再积蓄能量,再爆发。"② 正如他曾写下的感悟:"一个热爱生活、拥有理想,并为之坚持不懈、持续努力的人是值得尊重的。这些人就在我们身边,他们蕴含无限可能和能量。这种尊重应该与成就和地位无关。人生追求应该是一个过程,而不仅仅是一个结果。"③

【思考应用题】

1. 案例中的企业家们在工作中展现的共同点有哪些?
2. 劳模精神对现代企业的意义和作用有哪些?
3. 如何将劳模精神培育融入经管类专业大学生劳动实践活动?

---

① 龚进辉:《致敬劳动者:互联网行业的劳模可真不少》,https://www.thepaper.cn/newsDetail_forward_12499123(访问时间:2021年5月2日)。
② 姚劲波:《〈尊品〉人物——姚劲波:努力到极致,就会有奇迹》,https://www.sohu.com/a/138339338_126791(访问时间:2024年10月10日)。
③ 《姚劲波:下一个10年,最大的互联网红利在哪里?》,https://baijiahao.baidu.com/s?id=1638925566117461607(访问时间:2024年10月10日)。

参考文献

［1］蔡丽丽：《传统与现代的交汇——论张元济时期商务印书馆的出版理念与中国近代文化转向》，载《安徽农业大学学报》（社会科学版），2009年第3期，第139~142页。

［2］蔡亚南：《海尔进入日本市场的经营战略》，载《山东经济》，2005年第2期，第126~127页。

［3］陈邦祺：《白圭：经商有道》，载《国企管理》，2023年第1期，第119页。

［4］陈建斌：《精细化管理在企业管理工作中的运用》，载《上海商业》，2023年第1期，第172~174页。

［5］陈庆春：《海信谋变全球化》，载《IT经理世界》，2010年第20期，第40~43页。

［6］党书国：《海尔管理模式全集》，武汉：武汉大学出版社2006年版。

［7］胡荣丰：《巨变时代突显文化重要性 向华为学习如何塑造企业价值观》，载《经营管理者》，2023年第2期，第36~38页。

［8］惠宁宁：《曹德旺：心若菩提》，载《法人》，2021年第8期，第74~78页。

［9］纪光欣、王建明：《中国传统文化中的管理思想》，载《企业

文明》，2013年第10期，第40~41页。

[10] 决策与信息编辑部：《探寻与狼共舞之道——从"达能强行并购娃哈哈"事件说起》，载《决策与信息》（财经观察），2007年第7期，第4~11页。

[11] 凌云：《我国古代商圣白圭的经营之道》，载《兰台世界》，2013年第27期，第71~72页。

[12] 刘汇川：《救亡与复兴：陈嘉庚爱国实践的双重面向》，载《集美大学学报》（哲学社会科学版），2022年第1期，第10~15页。

[13] 刘重来：《卢作孚：一位不能忘记的爱国企业家》，载《世纪风采》，2023年第4期，第24~28页。

[14] 马国川：《荣毅仁：一位企业家和中国百年》，载《工会信息》，2019年第2期，第41~43页。

[15] 牛春艳、牛丽艳：《海尔企业文化建设浅析》，载《电子制作》，2014年第14期，第241页。

[16] 牛琦彬：《海尔集团"OEC"管理模式的内涵及意义》，载《中国石油大学学报》（社会科学版），2009年第1期，第29~31页。

[17] 彭秋龙、秦思慧：《张元济的出版精神探析》，载《出版与印刷》，2020年第3期，第103~108、92页。

[18] 秦朔：《管理需要不断进化 张瑞敏管理思想40年演变》，载《国企》，2021年第23期，第30~31页。

[19] 邱凤玉：《浅谈对华为企业理念和政策的理解》，载《秦智》，2022年第9期，第46~48页。

[20] 任蓓：《爱国主义精神在新时代企业高管中的体现及其影响研究——以爱国企业家的典范卢作孚为例》，载《重庆理工大学学报》（社会科学），2022年第11期。

[21] 任同、张志强：《"中华民族复兴"思潮下出版人的使命意识与责任担当——张元济〈中华民族的人格〉一书的启示》，载《中国出

版》，2022年第1期，第61~64页。

[22] 谭长春：《任正非与张瑞敏 管理殊途，皆成大家》，载《企业管理》，2022年第1期，第35~38页。

[23] 谭长春：《任正非治企的"军事战略"》，载《企业家》，2022年第3期，第57~60页。

[24] 谭煌：《"中国船王"卢作孚与川江航运》，载《文史天地》，2022年第11期，第38~42页。

[25] 陶海森、季远航、房俊呈、司瑞娜、于思源：《企业国际竞争战略研究——以华为公司为例》，载《中国市场》，2022年第34期，第75~77页。

[26] 陶海洋：《张元济与近代商务印书馆的组织文化》，载《安徽师范大学学报》（人文社会科学版），2010年第1期，第79~83页。

[27] 田建华、曹明亮、顾树林：《从"娃哈哈遭遇达能强行并购"事件看品牌的危机公关》，载《现代管理科学》，2007年第7期，第90~91页。

[28] 王雪薇：《华为的研发国际化战略研究》，商务部国际贸易经济合作研究院硕士学位论文，2021年。

[29] 王一妃：《"华为"手机国际化经营中的双品牌战略研究》，天津商业大学硕士学位论文，2021年。

[30] 吴炯、张引：《中国企业家精神内涵研究——以企业家鲁冠球为例》，载《管理案例研究与评论》，2019年第3期，第259~272页。

[31] 许畅：《我国高科技企业"走出去"的政治风险分析——以"华为"和"TIKTOK"为例》，中共上海市委党校硕士学位论文，2022年。

[32] 杨林：《伟大历史转折中的企业家精神——荣毅仁与中信公司的创办发展（一）》，载《经济导刊》，2022年第10期，第60~65页。

[33] 岳远尊：《企业家精神探析——以荣毅仁为例》，载《文化学刊》，2021年第8期，第65~67页。

［34］曾静、王阳、杨倩:《基于"范蠡商道"的国际市场营销学课程教学实施探讨》,载《现代商贸工业》,2023年第6期,第56~58页。

［35］智荣:《任正非走向"无为而治"的五大举措》,载《中外管理》,2020年第7期,第78~83页。

后　　记

　　本书是郭立珍、于永娟教授主持完成的多项重庆市教学研究和改革项目的中期成果。

　　教学质量工程项目：重庆市本科一流课程"管理学"（编号：渝教高函〔2022〕29号）、重庆市课程思政示范项目"微观经济学"（编号：渝教高函〔2022〕33号）的教学资源。

　　教育教学研究项目：重庆市高等教育教学改革研究项目"新时代企业家精神融入经管类专业课程思政的研究与实践"（编号：渝教办函〔2021〕253号）；重庆市教育科学"十四五"规划项目"经管类课程思政元素的挖掘及融入的路径与策略研究"（课题编号：2021-GX-379）；重庆市教育科学规划重点项目"本科院校线上教学质量评价体系与保障机制研究"（课题编号：2020-GX-134）和重庆市高等教育教学改革研究重大项目"地方高校经管类专业实践教学质量评价体系的构建与实施"（课题编号：2021-GX-253）。

　　劳动教育类教学改革项目：重庆市社科规划重点项目"劳动教育融入大、中、小学教育研究"（2020ZDJY11）；重庆市高等教育教学重点项目"'五融合'撬动地方高校劳动教育体系优化的探索与实践"（232127）；重庆市高等教育教学数字化专项项目"地方高校劳动教育教材数字化设计、编写及应用的探索与实践"（234108）；重庆市高等教育教学改革研究重点项目"新质生产力背景下高校劳动教育'三大支撑·四堂联动·五劳协同'模式构建与实践"（242081）。